3시간에 끝내는 성경 전체 이야기

초보자를 위한 3시간 성경통독

3시간에 끝내는
성경 전체 이야기

초판 1쇄   2023년 3월 27일
    3쇄   2024년 7월 12일

지은이 · 조병호
펴낸곳 · 도서출판 **통독원**
편집 · 박지영
디자인 · 전민영

주소 · 서울시 강남구 선릉로 806
전화 · 02)525-7794   팩스 · 02)587-7794
홈페이지 · www.tongbooks.com
등록 · 제21-503호(1993.10.28)

ISBN 979-11-90540 44-5 03230

통通박사 조병호의
초보자를 위한 3시간 성경통독

3시간에 끝내는
성경 전체 이야기

조병호 지음

통독원

세상에는 '끝까지 가져갈 기초'가 많지 않습니다. 그러나 성경은 끝까지 가져가야 할 가장 중요한 기초입니다. 기초가 튼튼한 건물이 오래갈 수 있듯이 성경 기초가 튼튼한 그리스도인은 어떤 시험에도 능히 이겨 끝내 승리할 수 있습니다. 성경을 통하지 않으면 어느 누구도, 어떤 방법으로도 결코 하나님을 알 수 없습니다. 온 우주 만물을 창조하신 하나님께서 계시의 책 성경을 통해서만 하나님 자신을 드러내셨기 때문입니다. 그렇게 하나님께서는 당신의 생각과 당신의 뜻을 성경에 기록해 우리에게 주셨습니다. 때문에 성경을 통해 우리는 하나님의 뜻이 무엇인지 알 수 있고, 성경을 읽고 공부할 때 믿음이 자라게 됩니다. 그 믿음으로 기도하는 사람은 마침내 세상 한복판에서 당당하게 승리하는 인생을 살게 될 것입니다.

"네 자녀에게 부지런히 가르치며 집에 앉았을 때에든지 길을 갈 때에든지 누워 있을 때에든지 일어날 때에든지 이 말씀을 강론할 것이며 너는 또 그것을 네 손목에 매어 기호를 삼으며 네 미간에 붙여 표로 삼고 또 네 집 문설주와 바깥 문에 기록할지니라"(신 6:7~9)

성경은 모든 사람이 어려서부터 배워야 할 책입니다. 이는 '신학'을 배우라는 것이 아니고, '성경 이야기'를 있는 그대로 배우라는 것입니다 그런데 수많은 사람들이 몇 대에 걸쳐 하나님을 믿고, 수십 년 동안 교회를 다녔음에도 성경은 어려운 책이라고 '자신 있게'(?) 말합니다. 자기 분야에서는 믿을 수 없을 정도로 놀라운 성과를 내며 살고 있는 사람도 성경이 어렵다고 말합니다.

　　농부, 어부, 주부, 장사하는 사람, 그 누구나 처음 일을 시작했을 때에는 어설프기 그지없었을 것입니다. 그러나 오랜 시간 맡은 일을 반복하다 보면 대부분의 사람들은 어느새 그 일에 전문가가 되어 있습니다. 성경도 마찬가지입니다. 사람이 매일 음식을 먹어야 살 수 있듯이, 그리스도인은 살아 계신 하나님의 말씀을 매일 읽고 공부해야 합니다. 그래야 하나님을 알게 되고, 하나님을 믿을 수 있기 때문입니다.

　　하나님에 대한 기록은 성경 전체에 드러나 있습니다. '콩쥐팥쥐'나 '신데렐라' 같은 동화책도 하루에 반 장이나 한 장 정도씩 여러 달에 걸쳐 한 번 읽고, 해가 바뀐 뒤에 또다시 그렇게 읽는다면 그 쉬운 동화책도 무슨 내용인지 잘 알 수 없을 것입니다. 하물며 성경을 하루에 한 장씩, 아니면 생각나는 대로 가끔 조금씩 읽는다면 어떻게 성경의 내용과 성경에 담긴 하나님의 뜻을 알 수 있겠습니까.

　　그렇습니다. 성경을 기억하고 싶은 성경 구절이나 좋아하는 이야기 부분만 골라서 읽는다면 성경 전체를 통해 역사하시는 하나님을 제대로 만날 수 없습니다. 그래서 우리는 성경 전체를 한 권의 이야기로 읽어야 합니다. 앞으로 아홉 번의 만남을 통해 성경 전체를 하나의 이야기로 읽는 방법을 알려드리려 합니다. 어떻게 성경 전체를 한 권으로 통독할 수 있는지 그 첫걸음을 내딛어 보겠습니다.

Contents

첫 번째 만남

성경은 기적의 책

1. 성경은 모든 사람에게 기적의 책

책! 참 좋은 것입니다. 사람들의 생각을 체계화해서 그 내용을 이해해 가진 후 누군가가 소유할 수 있도록 잘 정리 정돈한 것이 책입니다. 책에는 자연과학에 관한 책도 있고, 사회과학에 관한 책도 있고, 인문과학에 관한 책도 있습니다.

자연과학 같은 경우를 생각해봅시다. 자연과학에 관한 수많은 질문이 있습니다. 어느 자연과학 질문에 관한 좋은 답을 엮어 책으로 묶은 것이 자연과학 책입니다. 예를 들어 생각한다면, 높은 곳을 날고 있는 비행기 안에서 사람들은 불안이 아니라 편안함을 느낍니다. 우리는 조금만 높이 올라가 아래를 내려다보면 떨어질 것 같은 두려움을 느낍니다. 이를 심하게 느끼는 사람들은 자신이 고소공포증을 갖고 있다고 말하며 높은 곳을 피합니다. 그런데 수많은 사람들이 하늘을 나는 비행기를 타고 있음에도 그다지 두려움이 없이 편안함을 느낄 수 있는 것은 그동안 우리의 문명이 숱한 자연과학적 질문에 대한 답을 해놓은 결과라고 볼 수 있습니다.

마찬가지로, 산을 뚫어 터널을 만들어 통과하면서도 우리가 편안한 이유는 자연과학적으로 안전하게 터널을 만들었다는 사실을 우리가 믿고 있기 때문입니다. 뿐만 아니라 큰 강에 다리를 놓았는데 그 다리를 건너면서도 두려워하지 않고 안전하게 건널 수 있는 것도 자연과학적 질문에 관한 답을 이미 내놓았기 때문입니다. 이를 통해 세상은 삶의 풍요를 이루었고 우리는 그 풍요를 누리고 있습니다.

그런가 하면 사회과학도 있습니다. 사회과학적 질문은 자연과학적 질문과는 조금 다릅니다. 두세 친구가 모여 하루 종일 시간을 보낼 때는 별 계획을 짜지 않아도 잘 놀면서 지낼 수 있습니다. 그러나 2, 3백 명이 모여 하루는 고사하고 한 시간이라도 함께 시간을 보내려면 프로그램이 있어야 됩니다. 당연히 대한민국 5천만 명이 서로 갈등 없이 잘 지내려면 모두가 납득할 수 있도록 프로그램을 잘 설계해야 합니다. 이 프로그램이 바로 사회과학입니다. 우리는 사회과학적 질문을 통해서 함께 살아갈 수 있는 좋은 프로그램을 만들어 인간 사회를 유지하고 있습니다. 이를테면 사회질서를 잘 유지하기 위해 법을 만들고, 문화의 흐름을 조절하고, 사회 장치를 만들었습니다.

그런데 자연과학적 질문과 사회과학적 질문만 가지고는 인간이 모두 만족할 수 없습니다. 인문과학적 질문이 있어야 합니다. 지난날의 모든 역사 이야기들을 잘 담아서 체계 있게 과거를 소유하고 있어야 우리가 미래를 바라보면서 올바른 방향 감각을 가지고 현재를 살아갈 수 있습니다. 과거의 시간을 가져야 미래에 대한 방향 감각을 가질 수 있는 것입니다. 이와 같은 역사에 관한 생각을 비롯해 오랜 시간 동안 수많은 문화, 철학 등의 여러 생각들을 질문해서 담아놓은 것이 인문과학입니다.

우리의 삶은 자연과학적 질문, 사회과학적 질문, 인문과학적 질문 등을 잘 담아내야 성과를 이룰 수 있습니다. 오늘 우리의 삶이 이만큼 행복한 것은 세 가지 분야의 질문을 던지고, 질문에 대한 성과들을 함께 쌓고 모아온 결과입니다.

그렇다면, '성경은 어디에 속하는가?'라고 질문한다면 무엇이라고 답을 할 수 있겠습니까. 성경은 자연과학, 사회과학, 혹은 인문과학 분야 안에 머무는 책이 아닙니다. 놀랍게도 성경은 '기적의 책'이라고 말할 수 있습니다. 성경은 자연과학, 사회과학, 인문과학에 관한 여러 질문을 다 포함하는 책, 더 나아가 이를 뛰어넘는 '기적의 책'입니다. 모든 사람에게 영향을 미치는 '기적의 책'입니다. 이 놀라운 이야기를 세 가지 관점으로 말할 수 있습니다.

2. 성경, 기적의 책 (1)
: 모든 사람에게 감동을 주는 책

첫 번째 관점은 '성경은 모든 사람에게 감동을 주는 책'이라는 것입니다.

어느 날 밭에서 일하는 농부가 어부를 만나서 자신이 밭에서 어떤 성과를 어떻게 거두었는지 진지하게 말했습니다. 그런데 어부는 농부의 이야기를 듣고 농부만큼 진지하게 반응하지 않았습니다. 반대로 어부가 농부에게 자기 분야의 이야기를 열심히 설명해도 농부 역시 관심 있는 반응을 그다지 보이지 않을 것입니다. 왜 그렇습니까? 두 사람이 서로에게 성의가 없어서가 아닙니다. 관심 분야가 서로 다르기 때문입니다.

대부분의 사람들도 마찬가지입니다. 다들 자신만의 관심 분야들이 있습니다. 이를테면 하루 종일 지치지도 않고 소리에 대해 생각하고, 다음 날 일어나서 또 소리를 떠올리며 생각 속으로 빨려 들어가는 사람들이 있습니다. 그들은 음악에 온 관심을 쏟는 사람들입니다. 그런가 하면 색깔만 보면 가슴이 뛰는 사람들이 있습니다. 그들은 하루 종일 색을 가지고 힘쓰고 애쓴 다음 날, 또다시 색을 보아도 지루하지 않은 사람들입니다. 그들은 미술에 온 관심이 있는 사람들입니다.

보이지 않는 소리로 아름다움을 만드는 음악을 하는 사람들, 보이는 색깔로 아름다움을 만드는 미술을 하는 사람들 등 세상의 사람들은 서로 다른 각자의 분야를 가지고 있습니다. 그래서 다른 분야를 가진 사람을 만났을 때 자신의 분야를 열심히 설명해도 그다지 호기심 넘치는 반응을 만나기 힘듭니다. 관심 분야가 다르기 때문입니다.

그런데 놀라운 것은 밭에서 일하는 농부, 바다에서 일하는 어부가 함께 모여서 나눌 수 있는 이야기가 있다는 사실입니다. 바로 성경 이야기입니다. 성경 이야기를 들으면 처음엔 뭐 좀 그렇다가 조금만 시간이 지나면 농부도 어부도 성경 이야기에 쏙 빠져서 함께 감동을 느낍니다. 눈에 눈물이 고이고, 마음이 감동되는 놀라운 기적이 일어납니다. 음악하는 사람, 미술하는 사람이 같이 앉아서 성경 이야기를 들어도 누구나 자신의 분야를 모두 뛰어넘어 성경 속으로 쏙 빠져 들어옵니다. 놀랍지 않습니까.

어른들은 자신이 살아온 경험 이야기를 젊은이들에게 해주기를 원합니다. 그런데 젊은이들은 어른들의 이야기를 들으면서 그다지 흥미를 느끼지 않습니다. 그런가 하면 아이들은 자기 또래 친구들하고 노는 이야기에 굉장히 관심이 많습니다. 그래서 재미있게 놀았던 이야기를 어른들에게 건네는데 사실 어른들은 별로 재미있게 듣지 않습니다. 그런데 어른들과 젊은이들, 어린아이들이 모두 모여 성경 이야기를 들을 때 놀랍게도 다 같이 그 이야기에 쏙 빠져 들어옵니다.

그렇습니다. 자연과학에 관심 있는 사람이든, 사회과학에 관심 있는 사람이든, 인문과학에 관심 있는 사람이든, 음악을 하든, 미술을 하든, 농부든, 어부든, 삶의 경험이 있는 어른이든, 아직 삶의 경험이 부족한 어린아이든, 누구든지 성경 이야기에는 쏙 빠져 들어옵니다. 세상의 모든 분야를 넘어 감동을 주는 책은 성경밖에 없습니다. 그렇기에 성경은 모든 사람에게 기적의 책이라고 말할 수 있습니다.

3. 성경, 기적의 책 (2)
: 하나님의 기적을 체험한 사람들

두 번째 관점은 '성경 속 인물은 하나님의 기적을 체험한 사람들'이라는 것입니다.

성경 안에는 2,000여 년의 시간과 1,500여 곳의 공간이 들어 있습니다. 그리고 시간과 공간과 함께 5,000여 명의 인간이 있습니다. 그들은 하나님의 뜻을 따라 살았던 사람과 하나님의 뜻을 거역하며 살았던 사람들로 크게 나뉩니다. 하나님의 뜻을 따라 살았던 성경 속 하나님의 사람들은 하나님의 말씀에 순종함으로 30배, 60배, 100배의 기적을 체험했습니다. 그들의 기록 이야기가 성경입니다.

아브라함과 사라의 기적 이삭

예를 들어, 〈창세기〉에서 빼놓을 수 없는 중요한 인물이 아브라함입니다. 아브라함이 사는 동안 그에게도 많은 기적이 있었습니다. 그러나 무엇보다 아브라함에게 제일가는 기적은 아들 이삭입니다. 물론 아브라함의 아내 사라 입장에서도 자신의 평생의 기적은 이삭이었습니다.

아브라함과 사라는 이삭이 태어난 후에도 언제나 이삭만 생각하면 '기적'이 느껴졌을 것입니다. 어디 그뿐입니까. 이삭의 아들 야곱에게도 아버지 이삭은 기적이었습니다. 왜냐하면 아버지 이삭은 '하나님의 기적으로 태어나신 분'이라는 생각이 그에게 있었기 때문입니다.

애굽 왕 바로의 기적 요셉

성경에는 이런 이야기도 있습니다. 애굽이라는 큰 나라의 왕 바로가 한번은 꿈을 꿨는데, 요셉을 통해 7년 동안의 풍년과 7년 동안의 흉년이 이어서 일어날 것이라는 꿈의 해석을 듣게 됩니다. 그런데 문제는 다가올 7년 풍년은 좋지만, 그다음에 다가오는 7년의 흉년은 아무리 훌륭한 인문학자, 사회학자, 자연과학자가 나서도, 나아가 모두 다 힘을 합해도 극복할 수 없다는 것입니다. 큰일입니다.

국가에는 많은 인재들이 각자 자신의 분야에서 능력을 발휘하며 시스템을 움직이고 있습니다. 그러다가 국가 공동체에 어려움이 생기면 국가는 각 분야의 인재들에게 힘을 합하게 해서 어려움을 극복합니다. 그런데 애굽이라는 그 큰 나라에 다가올 7년 흉년을 극복할 방법이 없었습니다. 큰 고민 속에 있던 바로에게 흉년을 극복할 대안까지 제시하는 요셉은 놀라운 기적이었습니다.

바로는 요셉만 보면 '저 사람은 기적이야. 그 누구도 해결할 수 없는 국가의 재난을 극복한 기적의 사람이야.' 하는 생각이 들었을 것입니다.

떨기나무, 홍해, 만나의 기적

모세는 어떻습니까? 어느 날 모세는 하나님의 산 호렙에서 떨기나무 기적을 보았습니다. 무슨 이야기입니까. 떨기나무에 불이 붙었는데 나무가 사그라지지 않는 기적을 체험한 것입니다.

떨기나무 기적을 체험한 모세가 그다음에는 지팡이 하나 들고 애굽으로 가서 수많은 기적을 일으킵니다. 지팡이로 땅의 티끌을 쳤더니 이가되고, 화덕의 재를 하늘로 날렸더니 악성 종기가 생긴다든지 하는 기적 말입니다. 마침내는 모세가 지팡이를 들고 바다 위로 손을 내밀자 홍해가 갈라지는 기적까지 일어났습니다.

광야에 들어가서 그 지팡이로 바위를 쳤더니 바위에서 물이 나오는 기적, 장정만 60만 명인 그 많은 사람이 매일 먹을 수 있는 만나가 하늘에서 쏟아지는 기적이 계속 일어났습니다. 모세의 인생에서 기적을 떼어버리면 모세의 인생이 밋밋해집니다.

여호수아의 여리고성 기적

모세의 후계자 여호수아도 기적의 사람이었습니다. 여호수아의 기적은 무엇입니까. 여호수아가 사람들과 함께 여리고성을 단지 돌기만 했는데 그 튼튼한 성이 무너지는 기적이 일어났습니다.

여리고성이 무너지는 기적을 체험하고 가나안에 들어간 여호수아와 만나세대는 그 후 수많은 싸움을 싸웠습니다. 어느 싸움에서는 이기고 있는 전쟁의 승기를 계속 이어가 끝을 내야 되겠는데, 시간이 너무 없다보니까 태양이 멈추는 기적까지 일어났습니다. 뿐만 아니라 여호수아가 전쟁 영웅임에도 불구하고 마지막에 자신과 자신의 집은 오직 여호와만 섬기겠고 왕이 되지 않겠다고 한 것은, 인간 사회에서는 일어나기 힘든 '기적'에 가까운 이야기입니다. 이렇게 성경의 기적 이야기는 끝이 없습니다.

한나의 기적 사무엘

한 사람 더, 한나라는 여인을 만나보겠습니다. 한나에게 기적은 아들 사무엘입니다. 사무엘이라는 기적이 어떻게 한나에게 왔을까요? 한나는 자기보다 약 천 년 전에 살았던 아브라함의 아내 사라가 어떻게 하나님의 기적을 체험하고 이삭을 낳았는지를 알고, 이를 믿었습니다. 그래서 한나에게 진짜 기적 두 가지는 하나는 사라, 하나는 사무엘이었습니다.

성경의 기적을 가지고 이야기를 시작하면 하루 종일 이야기해도 끝나지 않습니다. 그러나 이제 여기서 끝을 내야 되겠지요.

하나님의 기적을 체험한 사람들의 이야기가 이처럼 성경 안에 가득 들어 있다는 측면에서 성경은 모든 사람에게 기적의 책이다, 이렇게 말할 수 있습니다.

4. 성경, 기적의 책 (3)
: 성경의 기적은 우리에게로 이어진다

세 번째, 성경이 기적의 책이라는 또 하나의 중요한 관점은 하나님께서 하나님의 사람들에게 베풀어주신 기적들이 성경의 기록으로 끝나지 않고 오늘 우리에게도 이어진다는 놀라운 사실입니다. 그런 측면에서 성경은 지금 현재 우리 모든 사람에게 기적의 책입니다.

성경은 단지 자연과학적 질문으로 답을 얻고 마감하고, 사회과학적 질문으로 답을 얻고 마감하고, 인문과학적 질문으로 답을 얻고 마감하는 차원에서만 읽어서는 안 됩니다. 인간의 학문을 넘어서 하나님의 기적을 체험할 수 있는 소망을 가지고 성경을 읽어야 합니다.

성경은 하나님의 기적을 체험하는 소망을 갖게 한다!

놀라운 일입니다. 자연과학적 성과로 인해 우리는 하늘을 날고, 터널을 뚫고, 다리를 놓았습니다. 사회과학적 성과를 이루어 수천 명, 수억 명의 사람들이 질서 있게 삶을 살아가도록 만들었습니다. 인문과학적 성과로 인해 우리는 인간 존재에 대해서 또한 인류의 역사에 대해서 늘 풍요롭게 생각할 수 있습니다. 하지만 이와 같은 성과만 가지고는 인간의 삶이 완벽하게 행복하다고 볼 수 없습니다. 그런데 놀랍게도 하나님의 기적은 자연과학적 성과, 인문과학적 성과, 사회과학적 성과를 넘어섭니다.

이것이 기적입니다. 우리는 기적을 말할 때, 독일의 '라인강의 기적', 우리나라의 '한강의 기적'을 떠올립니다. 사실 기적이라는 것은 인간이 말로 쉽게 설명할 수 있는 이야기가 아닙니다. 그런데 하나님께서 말로 다 설명할 수 없는 놀라운 기적을 우리 인생들에게 너무나 많이 베풀어주신 것을 성경에서 볼 수 있습니다. 하나님께서 성경에 기록된 사람들에게만 제한적으로 기적을 베푸시고 이제는 멈추신 것인가요? 그렇지 않습니다. 하나님께서는 21세기를 사는 오늘 우리에게도 기적을 베풀어주시는 분입니다. 그 놀라운 사실을 성경을 통해서 알려주고 계십니다. 이 시대에도 하나님의 기적은 일어납니다.

우리에게도 기적을 베풀어주시는 하나님

이렇게 세 가지 관점에서 성경은 모든 사람에게 '기적의 책'이라고 말할 수 있습니다. 이에 따라 내릴 수 있는 중요한 결론 중에 하나는 성경을 많이 알면 알수록 우리 삶에 기적이 일어날 확률이 높아진다는 것입니다.

왜 성경을 열심히 공부해야 하는가? 왜 성경을 열어서 한 번 읽고, 열 번 읽고, 공부하고 또 공부해야 하는가? 그 중요한 이유는 하나님께서 하나님의 사람들을 사랑하기 때문에 베푸신 기적들, 하나님의 일을 행하시는 데 그들을 동역자로 삼기 위해서 베푸신 수많은 기적이 그때로 끝난 게 아니라는 사실입니다. 그 기적은 계속 이어지고 있습니다. 성경에 기록된 수많은 기적은 일종의 샘플이지 그 시대로 종료된 것이 아니라는 뜻입니다.

따라서 성경을 공부해서 그 샘플을 많이 알면 알수록 우리 남은 생에 하나님의 기적이 일어날 확률이 훨씬 높아질 것입니다. 이 사실을 알게 되면 더 서둘러서, 더 열심히 성경을 공부하고 싶은 소망이 우리 안에 생길 수밖에 없습니다.

부모가 자녀에게 공부해! 공부해!, 하고 늘상 강조합니다. 노는 일보다 공부하는 일이 조금 재미없어 보임에도 불구하고 부모가 자녀에게 공부하라고 말을 건네는 이유는 진짜 재미있는 인생을 살아가려면 공부를 통해서 여러 지식들을 획득해놓아야 하기 때문입니다.

자기 분야의 인문, 사회, 자연과학을 열심히 공부하면 공부한 만큼의 성과가 납니다. 하지만 성과를 얻는 데 멈추는 것이지 성과를 넘는 기적을 체험할 수 있는 것은 아닙니다. 그런데 성경을 공부하면 우리는 하나님의 기적을 체험할 수 있습니다. 하나님께서는 성경을 우리에게 선물로 주셔서 지금도 성경을 통해서 기적을 체험할 수 있도록 길을 열어두셨습니다.

자, 이제 성경을 열심히 공부할 마음이 좀 생기셨습니까? 성경을 공부하려는 마음이 우리 가까운 사람들에게 좀 더 퍼졌으면 좋겠습니다. 하나님의 기적을 소망함으로 우리만 행복할 것이 아니고, 모든 사람에게 하나님의 기적이 퍼지기를 바라기 때문입니다. 하나님께서는 모두에게 기적을 베풀어주실 만큼 충분한 기적을 가지고 계십니다.

여러분이 이 생각을 가지고 앞으로 성경 공부에 임했으면 좋겠습니다. 그러면 당연히 우리의 삶에 기적이 일어날 가능성이 높아질 것입니다. 매일 성경을 펴면서 하나님의 기적을 만날 가능성이 커지는 놀라운 소망을 갖습니다.

우리도 성경을 읽으면서 기도하자

또한 성경에 기록된 하나님의 사람들은 항상 성경의 내용을 가지고 기도하는 사람들이었습니다. 여호수아는 모세오경(창세기, 출애굽기, 레위기, 민수기, 신명기)을 주야로 묵상하고 하나님께 기도하면서 전쟁에 임했기 때문에 승리의 기적을 체험했습니다. 한나는 아브라함의 아내 사라가 이삭을 얻은 내용을 가지고 기도하여 사무엘을 낳는 기적을 체험했습니다. 따라서 우리는 하나님의 사람들처럼 늘 성경을 읽으면서 기도해야 한다는 생각도 분명히 가질 필요가 있습니다.

하나님의 사람들은 성경을 읽고, 기도하고, 찬양하며 살아가기에 하나님을 향한 순종의 마음이 항상 열려 있습니다. 그들은 끝까지 수분 가득한 '진흙'과 같이 굳어지지 않습니다. 그래서 '토기장이' 되신 하나님께서 그들을 끝까지 빚으실 수 있는 것입니다.

하나님의 사람들처럼 성경을 읽으면서 기도해야 하는 이유는 하나님의 마음과 뜻을 알고, 믿고, 순종하기 위해서입니다. 기도는 우리의 뜻을 하나님께 관철하고자 함이 아니라, 하나님의 뜻이 이 땅에서 이루어지기를 바라는 소망입니다. 우리는 하나님의 뜻을 이루기 위한 하나님의 도구가 되기를 간구해야 합니다. 그리할 때 하나님께서는 우리를 통해 기적을 베푸십니다.

자, 이제 더욱 성경을 공부해야겠다는 마음이 생기십니까? 하나님께서 우리의 삶에 기적으로 개입하실 수 있는 길이 성경을 통해 활짝 열려 있습니다. 그 길로 속히 들어갑시다.

1. 성경과 기적

성경은 모든 사람에게 기적의 책입니다. 성경을 많이 알수록 기적의 가능성은 높아집니다. 성경의 기적은 오늘 우리에게도 실현됩니다.

2. 성경은 어떤 책입니까?

· 성경은 얇은 책입니다.

하늘을 두루마리 삼고 바다를 먹물 삼아도 하나님의 사랑은 다 기록할 수 없습니다. 그런데 성경은 하나님의 무한한 사랑과 진리를 담은 책의 두께치고는 무척 얇은 책입니다. 성경은 하나님의 사랑 이야기를 압축하고 요약한 책이므로 부분이 아닌 전체로 읽어야 합니다.

· 성경은 소리 내서 읽을 책입니다.

성경을 소리 내서 읽으면 말씀이 더욱 생생하게 느껴집니다. 성경은 하나님의 음성을 문자로 담아낸 책이기 때문입니다. 성경은 창세기 1장에서부터 문자보다 소리가 먼저였다는 사실을 우리에게 알려줍니다. 세상의 처음인 '태초에' 하나님께서 천지를 창조하시면서 "빛이 있으라"(창 1:3)라고 말씀하시자, 하나님의 문자가 아닌 하나님의 소리를 듣고 빛이 생겨났습니다. 그러므로 성경은 문자로도 읽어야 하지만, 소리 내서 읽으면 하나님께서 우리에게 선물로 주신 성경을 더 값지고 의미 있게 깨달을 수 있습니다. 그러므로 성경은 소리 내서 읽을 만한 유일한 책입니다.

· **성경은 1년에 10번 듣거나 읽어야 할 책입니다.**

성경을 들으면 들을수록, 읽으면 읽을수록 우리의 믿음이 자랍니다. 그래서 성경 전체를 '1년에 10번'씩 전체를 반복해서 듣고 읽어야 합니다. 매년 성경 전체를 10번 정도는 듣고 읽어야 성경 이야기가 익숙해지며 성경에 기록된 하나님의 뜻을 알고, 그 뜻대로 살아갈 수 있습니다. 성경 없이 우리는 절대로 하나님의 뜻을 알 수 없습니다. 성경 듣기와 읽기를 반복하면 성경 66권 전체의 내용을 '이야기'로 습득하게 되어 마침내 성경은 어려운 책이 아닌 쉽고 재미있는 책이 됩니다.

· **성경은 하나님 마음이 담긴 책입니다.**

하나님께서 하나님 자신을 드러내신 '계시의 책 성경'에는 각 시대마다 함께하신 하나님의 기쁜 마음과 슬픈 마음이 모두 담겨 있습니다. 하나님의 마음을 알 수 있는 유일한 길은 기록된 성경을 읽는 것뿐입니다. 성경을 통해 하나님의 마음을 더 깊이 깨달을 수 있습니다.

· **성경은 개인, 가정, 나라 이야기를 담은 책입니다.**

성경에는 2,000여 년의 시간, 1,500여 곳의 공간, 5,000여 명의 인간이 들어 있습니다. 성경은 한 개인을 먹이시고, 고치시고, 가르치시고, 용서하시고, 기도해주신 내용부터 모세의 가정, 예수님의 가정 등, 수많은 가정 이야기가 들어 있습니다. 그리고 제사장 나라, 5대 제국, 하나님 나라 이야기가 들어 있습니다. 성경은 개인, 가정, 나라를 담은 큰 그림을 보여주는 기적의 책입니다.

성경을 소유하는 법,
Let's Tongdok Bible

1. 렛츠 통독 바이블(Let's Tongdok Bible) (1)
: 하나님의 선물, 성경

성경, 어떤 책입니까? 성경, 사실 얇은 책입니다. 한 손에 잡히는 책입니다. 초등학교 교과서를 다 모아놓으면 한 손에 들 수 없습니다. 그런데 성경은 한 손에 딱 잡히는 아주 얇은 책입니다. 그런가 하면 앞서 살펴보았듯이 성경은 모든 사람에게 기적의 책이고, 또한 성경은 하나님께서 쓰신 통(通)드라마입니다.

성경은 하나님의 선물

선물 받아보셨지요? 선물의 특징이 무엇입니까? 선물은 주는 사람이 받는 사람에게 전적으로 가지라고 주는 것입니다. 그런데 선물을 받은 사람이 선물을 받았다는 이유로 포장지도 열지 않고 가만히 놔둔다면 선물 준 사람이 정말 속상할 것입니다. 마찬가지로 하나님께서 성경을 우리에게 선물로 주셨다는 것은 하나님께서 주신 선물을 전적으로 가지라는 뜻입니다.

어떻게 하면 우리가 선물로 주신 성경을 가질 수 있을까요? 성경 선물을 잘 가지고 싶은데 … 생각보다 쉽지 않습니다. 성경이 상당히 두꺼운 책이라고 생각하기 때문입니다.

그럼에도 용기를 내서 매일 한 장씩이라도 읽어야 되겠다는 결심을 합니다. 그마저도 시간이 안 되는 경우에는 중요한 성경 구절을 하나라도 외워야 되겠다고 생각하면서 이런저런 노력들을 합니다. 그렇게 해서 중요한 성경 요절을 100구절, 300구절을 외웠다고 합시다. 사실 굉장한 노력의 결과로 성경 구절을 외우는 것입니다. 그런데 문제는 외우고 난 후 한 주간, 두 주간이 지나고 나면 절반이 없어지고. 한두 달 지나고 나면 외웠다는 사실도 기억에 남지를 않습니다. 왜 그렇습니까?

이야기로 기억하기

외우고 난 후 반복하지 않아서 그런 것 아니냐는 이유를 댈 수도 있겠습니다. 하지만 이것이 이유의 전부가 될 순 없습니다. 어느 어른께서 오래전에 자신이 경험한 이야기를 조용히 마음에 담아두셨다가 몇십 년 후에 꺼내서 누군가에게 전했습니다. 그런데, 웬일입니까? 몇십 년 전 이야기를 바로 오늘 이야기처럼 말씀하시는 겁니다. 어떻게 반복해서 외우지 않았음에도 오래전 이야기를 마치 오늘 이야기처럼 그렇게 생생하게 옮길 수 있을까요? 그분이 기억을 이야기로 가지고 있었기 때문이라고 그 이유를 설명할 수 있겠습니다.

이처럼 이야기는 기억 속에 오래도록 남아 있습니다. 우리가 성경을 가질 때, 물론 성경 구절들과 묵상도 굉장히 중요합니다. 하지만 그 전에 먼저 성경의 전체 이야기를 가질 필요가 있습니다.

성경 전체 이야기를 알고 그 다음에 이야기를 담은 성경 구절을 기억한다면 그 구절은 아무리 시간이 지나도 잊히지 않고 우리 안에 더 깊은 묵상으로 남을 것입니다.

또 하나 예를 들어봅니다. 우리는 어렸을 때 수학 공부를 효과적으로 하기 위해 구구단을 외웠습니다. '2x1=2, 2x2=4, 7x7=49, 7x8=56'. 구구단을 외우는 이유가 무엇입니까? 7을 7번을 더했더니 그 값이 49였습니다. 이를 다른 말로 하면 7에 7을 곱했더니 49가 나왔다는 것입니다. 구구단을 외우면 7을 7번 더하는 시간을 1번 곱하기로 줄일 수 있습니다. 이렇게 효과가 높기 때문에 구구단을 외우는 것입니다.

대체적으로 10살 즈음에 구구단을 외우게 합니다. 만약에 구구단을 외우는 과정에서 가령 3단에서 하나, $3 \times 4 = 12$, 5단에서 하나, $5 \times 4 = 20$, 7단에서 하나, $7 \times 4 = 28$, 이런 식으로 하나하나 뽑아서 외우게 했다면 외울 때는 외울지 모르겠지만 돌아서면 잊어버릴 가능성이 높았을 것입니다. 그런데 구구단을 처음에는 2단, 그다음에는 3단, 그다음에는 4단 하면서 9단까지, 순서에 맞게끔 잘 반복해서 외우게 하면 누구나 수월하게 전체를 외울 수 있습니다. 다 외우고 나면 전체에 대한 자신감이 있기 때문에 필요한 연산을 구구단에서 꺼내서 쓰는 데 어려움이 없습니다.

마찬가지입니다. 성경도 전체 이야기를 순서대로 소중한 구슬처럼 만들어 줄로 모두 꿰놓으면 어느 구절을 읽어도 성경 전체를 소유하고 있다는 자신감을 가지고 틀리지 않게 사용할 수 있습니다.

2. 렛츠 통독 바이블(Let's Tongdok Bible) (2)
: 성경을 소유하는 법

하나님의 선물, 성경을 가지기 위해서 다섯 가지 방법을 사용하면 좋습
니다.

성경을 소유하는 법 ① : 전체 이야기 Whole Story

첫 번째는 성경을 하나의 전체 이야기로 보는 것입니다. 영어로 'whole
story'라고 합니다. 성경은 66권이면서 1권입니다. 한 권 전체를 하나
의 이야기로 읽어야 그 내용이 묶입니다.

성경을 소유하는 법 ② : 내용 분석 Analysis
: 율법서, 역사서, 시가서, 예언서, 복음서, 서신서

두 번째는 내용 분석입니다. 성경 66권은 1권입니다. 성경의 내용을 크
게 묶어서 분석해보면, 구약성경에는 모세오경 율법서, 역사를 묶어놓

은 역사서, 그다음에는 욥기, 시편, 잠언, 전도서, 아가 등의 시가서(성문서), 그다음 구약성경 뒤쪽으로 가면 많은 예언서가 있습니다. 신약성경으로 가면 예수님의 행적을 쓴 사복음서, 그다음에는 사도 바울의 편지들과 다른 사도들의 편지들이 있습니다. 이렇게 성경을 이루고 있는 66권의 각 권이 역사서인지, 예언서인지, 서신서인지를 분석해야 합니다.

가령, 역사를 쓸 때는 시제를 과거 시제로 씁니다. 그런가 하면 예언서를 쓸 적에는 과거 시제만 있으면 안 되고 현재, 미래 시제까지 써야 됩니다. 이와 같이 여러 형태들을 분석해서 정확하게 알 필요가 있습니다. 영어로 말하면 'analysis'라고 말합니다.

성경을 소유하는 법 ③ : 암송 Recitation

세 번째, 암송입니다. 성경의 전체 이야기를 알고 그 문맥 안에서 성경 구절을 외우는 것은 이야기를 압축하는 하나의 표현 방법일 수 있습니다. 하지만 성경 전체를 아는 데 더 효과적인 방법은 성경 전체를 이야기로 말할 수 있는 것입니다. 그러므로 성경 구절을 외우는 것에서 한 걸음 더 나아가 성경 이야기를 외워서 말할 수 있다면 더 좋겠지요? 암송을 영어로 'recitation'이라고 부릅니다.

성경을 소유하는 법 ④ : 묵상 Meditation

네 번째, 묵상입니다. 충분한 생각거리를 가지고 되새기는 것이 묵상입니다. 우리는 계시의 말씀인 성경을 읽으며 깊이 묵상해야 합니다. 생각해보고 또 생각해보고, 성경을 깊이 생각해야 합니다. 조용한 시간, 곧 콰이어트 타임(Q.T. quiet time)에 성경을 묵상합니다. 묵상을 영어로 'meditation'이라고 합니다.

성경을 소유하는 법 ⑤ : 하나님의 마음 *The Heart of God*

다섯 번째, 하나님의 마음입니다. 성경 이야기와 성경 구절을 암송하고 깊이 묵상까지 했습니다. 그렇다면 묵상을 통해서 결국 얻는 것은 무엇입니까? 바로 하나님의 마음을 아는 것입니다. 즉, 말씀 속에서 하나님의 마음을 깨달을 수 있어야 합니다. 이를 영어로 'the heart of God'이라고 합니다.

이렇게 다섯 가지 방법을 사용하면 우리는 성경을 풍성하게 가질 수 있습니다.

〈성경을 소유하는 법〉

1. 전체 이야기 *Whole story*
2. 분석 *Analysis*
3. 암송 *Recitation*
4. 묵상 *Meditation*
5. 하나님의 마음 *The heart of God*

다섯 가지 방법을 말한 영어 단어들에서 한 자씩 떼어봅시다. 먼저 전체 이야기 whole story의 W, 분석 analysis의 A, 암송 recitation의 R, 묵상 meditation의 M, 이렇게 하면 WARM(따뜻한)이 나옵니다. WARM Heart 를 통(通)으로! 그러면 놀랍게도 우리가 성경을 소유할 수 있습니다.

성경을 가지면 하나님께서 무척 기뻐하십니다. 그러므로 우리는 선물로 주신 성경을 들고만 다니는 것이 아니라 열심히 읽고, 외우고, 묵상하며 완전히 가져야 합니다. 그러면 하나님께서 얼마나 기뻐하시겠습니까. 하나님께서 성경을 우리에게 주신 것은 손에 들고 다니라는 뜻이 아니라 머리에 넣어 가슴으로 품고, 나아가 온 삶으로 펼치기를 바라시는 하나 님의 마음 때문입니다. 이것이 성경을 선물로 주신 하나님의 뜻입니다.

자, 성경을 가지기 위해서는 다섯 가지 방법, 즉 WARM Heart를 통(通) 으로! 이렇게 기억해두면 좋겠습니다.

> ### Tong point
>
> #### 성경을 소유하는 법
>
> 1. 전체 이야기로 보라
> 2. 내용을 분석하라
> 3. 성경 이야기와 구절을 암송하라
> 4. 묵상을 즐겨라
> 5. 하나님의 마음을 읽어라

3. 렛츠 통독 바이블(Let's Tongdok Bible) (3)
: 성경 전체 이야기 = 통通 7트랙

성경을 소유하는 다섯 가지 방법 중에서 성경 전체 이야기를 어떻게 가질 것인가, 이 부분을 앞으로 일곱 차례에 걸쳐 생각해보겠습니다.

어떻게 하면 성경의 큰 그림을 쉽고 재미있고 알차게 잘 가르칠 수 있을까 연구하다가 만든 성경공부 방법이 바로 성경 전체를 7개의 트랙(track)으로 나누어 공부하는 것입니다. 그래서 성경 전체 이야기(whole story)를 통通 7트랙으로 정리했습니다.

소설을 읽든, 영화나 연극을 보든 기본적으로 작품의 배경을 알아야 작품을 오해하지 않고 이해할 수 있습니다. 예를 들어, 펄 벅의 《대지》라는 작품은 근대 중국의 역사를 배경으로 하고 있습니다. 그리고 톨스토이의 《전쟁과 평화》는 19세기 초반에 벌어진 프랑스와 러시아의 전쟁을 배경으로 쓰였습니다. 〈서편제〉라는 한국 영화는 일제 강점기를 배경으로 우리의 소리를 이야기하고 있으며, 〈쉰들러 리스트〉라는 할리

우드 영화는 제2차 세계대전 당시 나치 치하에서 유대인들이 겪은 참혹한 고난을 그리고 있습니다.

이렇게 모든 작품에는 배경이 있습니다. 작품의 배경을 잘 알지 못하면 당연히 작품의 분위기 파악이 안 됩니다. 다시 말해 분위기를 잘 파악하기 위해서는 처해 있는 상황의 배경을 아는 것이 매우 중요합니다.

성경 전체 이야기 통通 기트랙

성경 전체를 크게 공부하기 위해서 먼저 성경의 큰 숲을 다음과 같이 그려보겠습니다. 성경은 66권의 책이자, 동시에 1권인 책입니다. 성경은 구약성경(Old Testament)과 신약성경(New Testament)으로 구분할 수 있습니다. 구약성경은 39권, 신약성경은 27권의 책으로 이루어져 있습니다. 즉 66권이 모여서 성경 1권을 이룹니다.

구약성경의 키워드는 '제사장 나라'이고, 신약성경의 키워드는 '하나님 나라'입니다. 구약성경의 제사장 나라는 율법과 선지자들의 글로 이루어져 있고, 신약성경은 '율법과 선지자를 완전하게 하신 예수 그리스도' 이야기와 예수 그리스도의 복음이 퍼져 나간 이야기로 이루어져 있습니다.

구약성경에는 '모세5경', 그다음에는 '왕정 500년'이 있습니다. 마치 우리나라 역사에 등장하는 고려 왕조 500년, 조선 왕조 500년처럼 성경에도 '왕정 500년'이 있습니다. 그다음에 '페르시아 7권'이 있습니다. 페르시아 제국 시대에 쓰인 책이 7권 있다는 뜻입니다. 구약성경을 역사 순서에 따라 이렇게 3개의 트랙으로 나눌 수 있습니다.

구약성경과 신약성경 사이에는 신구약 중간기가 400년 있었습니다. 이 기간 동안 일어난 이야기를 담은 '중간사 400년'을 네 번째 트랙으로 하겠습니다.

이제 신약성경입니다. 신약성경은 100년 동안의 이야기입니다. 신약성경은 3개의 트랙으로 나눌 수 있습니다. 예수님의 '4복음서' 이야기, '4복음서' 이야기가 끝나면 사도들이 중심이 된 '사도행전 30년'이 있습니다. 구약성경에 왕이 중심이 된 왕정이 약 500년 동안 진행되었듯이 사도들이 중심이 된 기간은 30년이었습니다. 그래서 '사도행전 30년'입니다. 그다음 마지막 일곱 번째 트랙은 '공동서신 9권'입니다. 사도 바울의 편지는 〈사도행전〉과 모두 묶여 있습니다. 그 외 사도들의 여덟 개의 서신들과 〈요한계시록〉을 묶어 '공동서신 9권'이라고 하겠습니다. '공동서신 9권'은 대체적으로 A.D.64년 로마 대화재 사건 후 기독교를 향한 로마 제국의 박해가 시작되고 난 다음에 쓰인 책입니다.

이렇게 정리를 하면 성경 전체가 한눈에 들어오게 됩니다. 성경의 7개 트랙을 마치 구구단을 외워가듯이 순서대로 외워두면 성경 전체 이야기를 쉽게 이해하면서 가질 수 있습니다.

자, 한번 따라해 보십시오.

〈성경 전체 이야기 통通 7트랙〉
1. 모세5경
2. 왕정 500년
3. 페르시아 7권
4. 중간사 400년
5. 4복음서
6. 사도행전 30년
7. 공동서신 9권

성경의 큰 그림을 7개의 트랙으로 나누어 정리하면 성경 전체 이야기에 자신감을 가질 수 있습니다. 7개 트랙이라는 큰 그릇에 성경의 내용들을 모두 담으면 흩어지지 않고 시간이 지나갈수록 더 넓고 깊은 성경 이야기들을 더 많이 가질 수 있습니다.

구약성경의 배경

봄, 여름, 가을, 겨울, 사계절의 분위기가 다르듯이 성경 7개 트랙의 분위기도 다릅니다. 7개의 각기 다른 분위기가 성경에 있습니다. 각 트랙의 분위기를 알면 성경 전체 이야기를 그리는 데 큰 도움이 됩니다. 성경 7개 트랙의 분위기를 알기 위해서는 먼저 배경을 잘 알아야 합니다. 성경 66권 전체의 배경을 이루는 무대를 큰 그림으로 살펴보겠습니다.

구약성경의 첫 번째 책 창세기 1장에서 11장까지는 '원역사(primeval history)'로, 사건이 일어난 장소나 시간에 관한 배경을 알 수 없습니다. 그러나 창세기 12장부터는 대략 그 사건의 무대가 어느 곳이었는지 파악할 수 있습니다.

창세기 12장부터 〈요한계시록〉까지 성경 전체의 무대는 크게 일곱 번 바뀝니다.

갈대아 우르 → 약 1,000km → **하란** → 약 800km → **가나안**

창세기 12장의 주인공 아브라함이 메소포타미아 지역인 갈대아 우르에서 여행을 시작합니다. 아브라함이 갈대아 우르에서 직선으로만 계산해도 약 1,000km를 여행해야 하는 거리에 위치한 하란에 도착합니다. 그리고 하란에서 또다시 여행을 떠나 서쪽으로 약 800km를 이동해 드디어 약속의 땅 가나안으로 들어갑니다. 성경 무대의 배경이 갈대아 우르에서 하란으로, 그리고 가나안으로 바뀐 것입니다.

가나안 → **애굽** → **광야**

아브라함의 손자 야곱 때에 야곱의 가족 70명이 가나안에서 애굽(이집트)으로 들어갑니다. 입(入)애굽 사건을 말합니다. 이후로 성경의 배경은 가나안에서 애굽으로 바뀝니다. 아브라함의 후손들은 애굽에서 430년을 보내면서 큰 민족을 이루어 모세의 지도 아래 드디어 출(出)애굽을 합니다. 히브리 민족이 된 아브라함의 후손들이 애굽에서 광야에 들어가 제사장 나라 이스라엘의 백성이 됩니다. 성경의 무대가 가나안에서 애굽으로, 그리고 다시 가나안으로 들어가기까지 광야로 옮겨진 것입니다.

광야 → **가나안**

제사장 나라 이스라엘 백성은 40년간 광야에서 살다가 드디어 약속의 땅 가나안으로 다시 들어갑니다. 모세는 요단 동편까지만 이스라엘 백성과 함께 있었고, 요단강을 건너기 직전부터는 이스라엘의 지도자가 여호수아로 바뀝니다. 이스라엘 백성은 여호수아와 함께 요단강을 건너 요단 서편에서 5년에 걸친 가나안 정복 전쟁을 마치고, 땅을 분배받아 가나안 전체에 두루 퍼져 살기 시작합니다. 가나안에서 그들은 사사시대와 왕들이 통치하는 시기를 보냅니다. 800여 년간 성경의 무대가 바뀌지 않고 가나안에서 계속됩니다. 그 사이에 이스라엘은 한 민족 두 국가, 곧 북이스라엘과 남유다로 나뉘어 유지됩니다.

가나안 → **바벨론**

그런데 북이스라엘이 먼저 앗수르에 의해 멸망해 북이스라엘 백성이 사마리아인이 되고, 남유다는 바벨론에 멸망해 대부분의 백성이 바벨론 포로로 끌려갑니다. 이로써 성경의 배경이 가나안에서 바벨론으로 옮겨집니다. 과거에 남쪽 애굽으로 내려갔던 이스라엘이 이번에는 동쪽 방향 바벨론으로 옮겨진 것입니다.

바벨론(페르시아) → **가나안**

바벨론에서 70년간 포로 생활을 하던 남유다는 제국의 변동에 의해 바벨론을 정복한 페르시아 치하로 들어갑니다. 페르시아 제국은 바벨론 제국의 중앙 집중화 정책과는 달리 레반트 지역 활성화를 위한 지방화 정책을 펼칩니다. 제국의 정책에 따라 페르시아는 바벨론 포로로 끌려왔던 남유다 사람들(유대인들)을 고향 땅으로 돌려보내줍니다. 그래서 성경의 배경이 70년 만에 다시 바벨론(페르시아)에서 가나안(유대)으로 바뀝니다.

신구약 중간기의 배경

바벨론(페르시아)에서 유대 땅으로 귀환한 사람들의 삶의 장소는 더 이상 바뀌지 않습니다. 구약의 마지막 책인 〈말라기〉와 신약의 첫 번째 책인 〈마태복음〉 사이에는 400년의 세월이 들어 있습니다. 이 기간 동안 유대 땅은 제국의 변동 속에서 여러 차례 통치 권력이 바뀝니다. 유대는 페르시아 제국의 지배를 받다가, 페르시아를 정복한 헬라 제국의 지배를 받습니다. 헬라 제국의 통치를 받던 유대인이 마카비 혁명을 일으킨 후 하스몬 왕조를 세우고 80년간 독립 국가가 됩니다. 그러나 헬라 제국을 무너뜨린 로마 제국이 세계의 패권을 잡고, 유대는 로마의 통치하에 들어갑니다. 그리고 신약 시대가 시작됩니다.

신약성경의 배경

가나안(유대) → **예루살렘과 온 유대와 사마리아와 땅끝** → **새 하늘과 새 땅**

신약 시대가 시작되면서 예수님께서 유대 땅 베들레헴에 태어나십니다. 예수님께서는 유대 땅에서 33년을 사시다가 예루살렘에서 십자가를 지심으로 우리의 죄를 대속해주십니다. 그리고 부활하신 후, 승천하셨습니다. 예수님께서는 하늘에 오르시기 전 제자들에게 예루살렘과 온 유대와 사마리아와 땅끝까지 복음을 전하라고 말씀하셨습니다.

당시 사람들의 개념으로 땅끝은 서바나(지금의 스페인)였습니다. 땅끝까지 복음을 전하기 위해 나선 사람이 사도 바울입니다. 사도 바울이 복음을 소아시아와 유럽으로 크게 퍼지게 하면서 성경의 배경이 넓게 확장됩니다. 그리고 사도 요한은 그리스도인들에게 새 하늘과 새 땅을 기대하게 해주었습니다. 이렇게 성경 66권의 전체 배경을 크게 살펴보았습니다.

성경은 '역사순'으로 읽고 공부해야 합니다

성경 전체는 하나의 이야기입니다. 성경 66권의 책들은 각 권이 완결성이 있음과 동시에 하나의 이야기, 즉 예수님의 이야기로 계속 연결됩니다.

우리가 가지고 있는 기존의 성경은 66권의 순서가 '역사순'이 아니라, '주제별·장르별'로 편집되어 있습니다. 주제별·장르별로 배열된 구약성경의 순서를 살펴보면 '모세오경 ⇒ 역사서 ⇒ 시가서 ⇒ 예언서' 순서입니다. 구약성경의 시작인 '모세오경'은 주제별·장르별 성경이나 역사순 성경이나 차이가 없습니다. 순서대로 차례로 읽으면 됩니다. 그런데 문제는 그다음입니다.

한 가지 예로, 〈느헤미야〉와 〈예레미야〉 중에 어느 책을 먼저 읽어야 할까요? 기존의 성경은 역사서인 〈느헤미야〉 뒤에 예언서인 〈예레미야〉가 배치되어 있습니다. 그래서 〈느헤미야〉에서 무너진 예루살렘을 재건하는 이야기를 읽었는데, 〈예레미야〉에서 예루살렘이 불타는 장면이 나옵니다. 예루살렘을 재건했는데 다시 무너진 것일까요? 그렇지 않습니다. 역사순으로 보면 〈예레미야〉 뒤에 펼쳐진 이야기가 〈느헤미야〉입니다. 그래서 예루살렘 성전이 불탔던 〈예레미야〉를 먼저 읽어야 합니다.

즉 예레미야 시대 때 바벨론에 포로로 끌려갔던 남유다 백성들의 이야기를 먼저 다루고, 70년 바벨론 포로 생활을 지낸 후 페르시아 제국 시대에 이루어진 예루살렘 1차 귀환, 그리고 80년 후에 이루어진 2차 귀환, 또다시 14년이 지난 후에 이루어진 3차 귀환의 지도자들인 에스라, 느헤미야의 성전과 성벽 재건 이야기를 역사순으로 읽어야 합니다. 역사순으로 읽어야 성경 이야기들이 흩어지지 않고 전체로 이어집니다. 그리할 때 구약에서 계속 예고해온 예수님의 이야기를 성경 전체 이야기로 잘 이해할 수 있고, 하나님의 마음도 잘 헤아릴 수 있습니다.

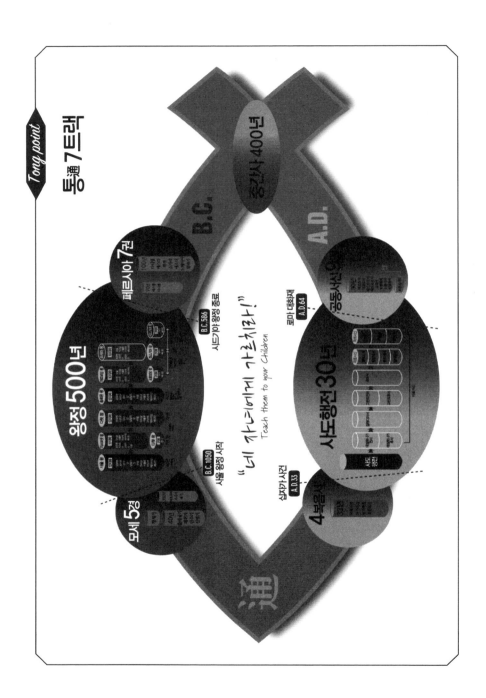

세 번째 만남

1트랙 - 모세5경

'모세5경'이란?

모세가 쓴 5권의 책을 말합니다. 즉 〈창세기〉, 〈출애굽기〉, 〈레위기〉, 〈민수기〉, 〈신명기〉입니다. '모세5경'에는 하나님께서 온 우주 만물을 창조하신 이야기를 시작으로 아브라함 한 사람을 부르시고 그의 후손으로 제사장 나라를 삼으신 이야기가 기록되어 있습니다. 그리고 제사장 나라의 거룩한 시민이 지켜야 할 율법이 자세하게 기록되어 있습니다.

1. '모세5경' 이야기 (1)
: 제사장(왕이 아닌) 중심으로 세워진 제사장 나라

통通 7트랙 첫 번째 이야기로 '모세5경'을 살펴보겠습니다. '모세5경' 하면 말 그대로 모세와 5권의 책이 묶여 있는 것입니다. 먼저 쉬운 질문을 하나 해보겠습니다. 여러분도 잘 알겠지만, '모세5경'을 쓴 모세는 아기였을 때 죽을 확률 99.9%인 갈대 상자를 타고 나일강을 떠내려가다가 애굽의 공주에게 발견되어 생명을 구했고, 애굽의 왕자로 자랐습니다. 그렇다면 아기 모세는 왜 그 위험한 갈대 상자를 탔을까요?

모세가 갈대 상자를 탄 이유
① 엄마가 태웠기 때문
② 애굽이 소극적 제국주의에서 적극적 제국주의로 바꾸는 시기였기 때문
③ 히브리 민족이 국가를 가지지 못했기 때문
④ 하나님께서 모세를 출애굽의 지도자로 세우시기 위해

일단 첫 번째는 엄마가 태웠기 때문입니다. 생각해보십시오. 태어난 지

3개월 된 아이가 스스로 갈대 상자를 준비해서 탔을 리는 없습니다. 그래서 첫 번째 이유는 엄마가 태웠기 때문에 모세가 갈대 상자를 탔던 것입니다. 두 번째 이유는 좀 어렵습니다. 애굽이라는 나라가 소극적 제국주의에서 적극적 제국주의로 바뀌는 중이었기 때문입니다. 세 번째 이유는 히브리 민족이 민족은 있으되 국가를 가지지 못했기 때문입니다. 그래서 히브리 민족은 장정 60만 명의 숫자를 가지고 있었음에도 불구하고 애굽 왕 바로가 노예 인구를 조절하기 위해 '영아 살해 명령'을 내렸을 때 그 어떤 저항도 하지 못했습니다. 그리고 네 번째 이유는 하나님께서 모세를 출애굽의 지도자로 쓰시기 위해서, 즉 하나님께서 정하신 출애굽의 때가 되었기 때문입니다.

하나님께서 입애굽의 지도자로는 요셉을 나이 삼십 세에 애굽 왕정으로 들어가도록 하셨는데, 출애굽의 지도자 모세는 태어난 지 석 달 만에 애굽 왕정으로 들어가게 하셨습니다. 그 이후 모세가 어떻게 하나님의 부르심을 받아 이스라엘의 지도자가 되는지, 어떻게 광야에서 제사장 나라가 세워지는지, 그 모든 이야기가 '모세5경'에 담겨 있습니다.

자, 이제 본격적으로 '모세5경'의 전체 이야기를 어떻게 가질 것인지 생각해보겠습니다. '모세5경'은 하나님의 천지 창조, 노아의 홍수 심판 이야기로 시작됩니다. 그리고 하나님께서 아브라함을 선택하셔서, 아브라함 한 개인이 가정을 이루도록 이끄시고, 그 가정이 중심이 되어서 민족을 이루게 하시고, 그 민족에게 제사장 나라까지 세우게 하시는 이야기로 이어집니다. 즉 '모세5경'은 아브라함으로 시작해서 아브라함의 후손들이 수많은 시간 동안 민족으로 커지고, 결국은 그 민족이 상상을 초월할 만한 제사장 나라를 만드는 긴 이야기라고 정리할 수 있습니다.

아브라함이 없는 이삭은 생각도 할 수 없습니다. 마찬가지로 이삭이 없는 야곱도, 야곱이 없는 요셉도 생각할 수 없습니다. 그런가 하면 〈창세기〉의 입애굽 이야기가 없다면 〈출애굽기〉의 출애굽 이야기가 나올 수 없습니다. 아브라함의 후손들이 노예로 애굽을 경험하고 나왔기 때문에 하나님께서 그들 이스라엘에게 제사장 나라를 선물로 주실 수 있었습니다.

그렇다면 제사장 나라는 여타 나라들과 어떻게 다를까요? 하나님께서 이스라엘을 통해 이루시려는 제사장 나라의 중요한 콘텐츠, 즉 여타 나라들과 구별되는 변별성의 중심 내용은 바로 〈레위기〉에 있습니다. 제사장 나라를 세우는 과정이 담겨 있는 〈출애굽기〉의 연장선에서 제사장 나라 시행 세칙이 기록되어 있는 〈레위기〉가 나왔습니다. 제사장 나라를 세우기 위해서는 그에 맞는 훈련이 필요한데 그 이야기를 담은 책이 〈민수기〉입니다. 그리고 40년 동안의 만나학교 훈련 이야기 이후에 모세가 선포한 만나학교 졸업식 설교가 담긴 책이 〈신명기〉입니다.

〈신명기〉의 졸업식 설교를 가지고 이스라엘 백성은 가나안에 들어갑니다. 가나안에서 제사장 나라 시스템을 세운 기록이 〈여호수아〉입니다.

그리고 350년의 사사 시대 이야기인 〈사사기〉, 〈룻기〉가 이어집니다.

따라서 모세오경인 〈창세기〉, 〈출애굽기〉, 〈레위기〉, 〈민수기〉, 〈신명기〉와 〈여호수아〉, 〈사사기〉, 〈룻기〉는 이렇게 하나의 이야기, 제사장 나라를 세우는 이야기로 쭉 연결됩니다. 이를 '모세5경' 트랙으로 묶어서 공부합니다.

2. '모세5경' 이야기 (2)
: 왜! 모세, 여호수아, 기드온, 사무엘은 왕이 되지 않으려고 노력까지 했는가?

이번에는 '모세5경'을 질문으로 한번 생각해보겠습니다.

질문, '왜 모세, 여호수아, 기드온, 사무엘은 왕이 되지 않으려고 노력까지 했을까요?'

예전에는 동네마다 대권 후보들이 하나씩 있었습니다. "나는 이 다음에 대통령이 될 거야."라고 꿈을 이야기하던 친구들이 꼭 있었습니다. 사실 저도 10살 때부터 동네 대권 후보 중에 하나였습니다. 이처럼 우리는 어떤 사람이 되려고 노력들을 합니다. 이를테면 지금 시대에 어떤 이는 대통령이 되려고 노력하고, 과거 어느 시대에 어떤 이는 왕이 되려고 노력을 했습니다. 세상 역사 가운데에는 노력해서 얻은 큰 성과를 가지고 왕이 되려고 도전한 이야기들이 많이 있습니다. 그런데 놀랍게도 모세, 여호수아, 기드온, 사무엘은 왕이 되지 않으려고 노력까지 했다는 것입니다.

모세는 그 위대한 출애굽을 성공시키고 광야에서 나라에 꼭 필요한 군대와 법 등을 모두 갖추도록 기여했음에도 불구하고 왕이 되지 않으려고 끝까지 노력했습니다. 그리고 결국 왕이 되지 않았습니다.

모세의 후계자 여호수아는 가나안 정복을 이끈 전쟁 영웅이었습니다. 전쟁 영웅 여호수아가 왕이 되지 않았다는 것은 당시 상식으로는 충격적인 사건입니다. 전쟁이라는 국가 위기를 극복한 사람들은 대체적으로 그 공을 온 백성에게 인정받기 때문에 왕이 될 수 있는 지름길이 열린 사람들입니다. 그런데 놀랍게도 여호수아는 왕이 되지 않으려고 정말 노력했습니다. 그래서 그는 마지막에 "나와 내 가족은 오직 여호와만 섬기겠다."라는 말을 자신의 책 〈여호수아〉의 결론으로 맺습니다.

어디 그뿐입니까. 사사 시대 때 미디안과의 전쟁을 위해 3만 2천 명의 사람들이 모였습니다. 그런데 기드온은 하나님께서 명령하신 두 번의 테스트를 통과하지 못한 사람들을 집으로 돌아가게 하고 단지 300명만 데리고 위험한 전장의 한복판에 들어가서 승리했습니다. 정말 놀라운 승리였습니다. 그러자 주변 사람들이 기드온에게 "우리를 다스리고 더 나아가 당신의 자식들이 우리를 다스리게 해주십시오."라고 요청했습니다. 그런 요청을 받고도 기드온은 진심으로 "내가 너희를 다스리지 아니하겠고 나의 아들도 너희를 다스리지 아니할 것이요 여호와께서 너희를 다스리시리라"(삿 8:23)라고 말하며 왕이 되지 않으려 노력했습니다.

사무엘은 제사장 나라 3대 명절(유월절, 칠칠절, 초막절)과 3대 절기(안식일, 안식년, 희년), 다섯 가지 제사(번제, 소제, 화목제, 속죄제, 속건제)를 활성화하여 나라의 공공성을 확립하고 내부 결속을 이루며 외부를 튼튼히 했습니다. 사무엘 시대는 제사장 나라의 꿈을 실현한 시기였습니다. 어두운 사사 시대를 종료시킨 지도자 사무엘 역시 왕이 되지 않았으며, 오히려 왕을 요구하는 백성에게 "왕정 제도에서는 백성이 왕의 종이 된다."라고 가르쳤습니다.

그렇다면 왜, 모세, 여호수아, 기드온, 사무엘은 왕이 되지 않으려고 노력까지 했을까요? 이 답은 '모세5경'의 분위기에서 찾아야 합니다.

3. '모세5경'의 분위기
: 제사장 나라 셋업(setup) 분위기

성경에는 7개의 다른 공기가 있습니다. 성경 7개 트랙의 분위기가 다르다는 이야기입니다. 구약성경의 3개의 분위기, 곧 '모세5경' 분위기, '왕정 500년' 분위기, '페르시아 7권' 분위기가 모두 다릅니다. 먼저 '모세5경'의 분위기는 제사장 나라를 세우는 분위기입니다.

제사장 나라는 제국과 다른 나라입니다. 하나님께서 왕이 되신 나라입니다. 제사장 나라를 세우기 위해서 모세가 애를 썼습니다. 이어서 여호수아, 기드온, 사무엘이 제사장 나라를 존중했고 이에 충성을 다했습니다. 그들에게는 왕정이 중요한 것이 아니라 하나님이 왕이신 제사장 나라가 중요했고 이를 뚜렷하고 분명하게 하고 싶었습니다. 그래서 그들은 왕이 되려는 노력보다는 제사장 나라의 거룩한 시민이 되고 싶은 소망으로 자신의 인생을 바쳤습니다.

와우~ 멋있는 사람들! 그들은 왕보다 더 좋은 것이 제사장 나라의 거룩한 시민임을 안 사람들입니다. 이를 소망하는 분위기가 '모세5경'입니다.

'모세5경'의 분위기를 기억하면서, '모세5경'에 기록되어 있는 중요한 구절들을 찾아보겠습니다. 우리가 제사장 나라를 기반에 두고 기억해야 할 중요한 성경 구절들입니다.

하나님께서 아브라함에게 보여줄(지시할) 땅으로 가라고 명령하셨습니다. 여기에서 보여줄(지시할) 땅이 중요합니다.

> "여호와께서 아브람에게 이르시되 너는 너의 고향과 친척과 아버지의 집
> 을 떠나 내가 네게 보여 줄 땅으로 가라"(창 12:1)

그다음은 아브라함의 후손들이 큰 민족을 이루어 모든 민족을 위한 복의 통로가 될 것이라고 하신 말씀이 중요합니다.

> "내가 너로 큰 민족을 이루고 네게 복을 주어 네 이름을 창대하게 하리니
> 너는 복이 될지라 너를 축복하는 자에게는 내가 복을 내리고 너를 저주하
> 는 자에게는 내가 저주하리니 땅의 모든 족속이 너로 말미암아 복을 얻을
> 것이라 하신지라"(창 12:2-3)

이 말씀을 주시고 500년 후 모세를 통해서 "세계가 다 내게 속했고, 너

희는 제사장 나라 거룩한 시민이 되라."라고 말씀해주셨습니다. 이 말씀을 기억해야 합니다.

> "세계가 다 내게 속하였나니 너희가 내 말을 잘 듣고 내 언약을 지키면 너희는 모든 민족 중에서 내 소유가 되겠고 너희가 내게 대하여 제사장 나라가 되며 거룩한 백성이 되리라 너는 이 말을 이스라엘 자손에게 전할지니라"(출 19:5-6)

이어서 하나님께서는 '제사'를 통해 우리의 잘못을 용서해주신다는 말씀을 〈레위기〉를 통해 주십니다. 기억해야 할 중요한 말씀입니다.

> "그 다음 것은 규례대로 번제를 드릴지니 제사장이 그의 잘못을 위하여 속죄한즉 그가 사함을 받으리라"(레 5:10)

그런가 하면, 〈신명기〉를 통해서 모세는 이스라엘 60만 명에게 제사장 나라 율법의 모든 내용을 자녀들에게 가르치라고 부탁합니다.

> "또 그것을 너희의 자녀에게 가르치며 집에 앉아 있을 때에든지, 길을 갈 때에든지, 누워 있을 때에든지, 일어날 때에든지 이 말씀을 강론하고"(신 11:19)

또 한 구절을 꼽자면, 여호수아의 선언입니다.

"오직 나와 내 집은 여호와를 섬기겠노라"(수 24:15)

성경 전체 이야기를 생각하면서 '모세5경'의 중요한 성경 구절들을 외워두면 잊을 리가 없습니다. 맥락 안에서 말씀을 외우면 기억에 남습니다. 순서적으로 이해가 되는 것입니다.

이처럼 '모세5경'은 아브라함에서 시작하여 모세 시대에 형성되는, 하나님의 꿈인 '제사장 나라 셋업(set-up)' 분위기입니다. 즉 하나님께서 제사장(왕이 아닌) 중심으로 제사장 나라를 만드시는 분위기입니다.

하나님께서는 아브라함 한 사람을 부르셔서 그와 언약을 맺으셨습니다. 그 언약은 하나님께서 아브라함의 후손들에게 복 주셔서 민족을 이루게 하시고, 아브라함의 후손들은 모든 민족을 위하여 제사장 나라의 사명을 감당하기로 한 것입니다.

하나님께서는 아브라함의 후손들로 제사장 나라를 세우시기 위해 흉년에 그들을 곡식이 풍성한 애굽(이집트)으로 이주하게 하셨습니다. 그곳에서 그들을 보호하시며 애굽 사람들이 히브리 민족이라 부를 만큼 큰 민족을 이루게 하셨습니다. 야곱과 요셉의 가족에서 히브리 민족이 된 그들은 제국주의를 꿈꾸던 애굽의 국가적 잘못들을 민족적으로 체험하게 됩니다. 대표적인 사건이 애굽에 의한 히브리 민족의 영아 살해 사건입니다. 하나님께서 그렇게 극악무도한 제국을 경험한 그들에게 제국이 아닌 제사장 나라를 세우게 하신 것입니다.

하나님께서는 이스라엘 민족에게 복 주시기 위해 특별히 레위 지파로
하여금 제사장의 사명을 감당하게 하셨습니다. 그리고 온 세상 민족들
에게 복 주시기 위해 이스라엘에게 제사장 나라의 사명을 감당하게 하
셨습니다. 그래서 이스라엘이 특권과 함께 모든 민족과 하나님 사이에
평화를 만드는 사명을 가지게 된 것입니다. '모세5경'은 아브라함에서
시작하여 모세 시대에 광야에서 '제사장 나라가 셋업(set-up)'되는 분위
기입니다.

4. '모세5경'에서 '왕정 500년'으로
넘어가는 반전 분위기

: "나를 버려 자기들의 왕이 되지 못하게 함이니라"
(사무엘상 8장 이스라엘 백성의 왕정 요구를 기점으로)

성경의 첫 번째 트랙은 '모세5경'이고, 두 번째 트랙은 '왕정 500년'입니다. 왜 이렇게 트랙과 트랙을 크게 구분했을까요? 그것은 성경을 읽다 보면, 첫 번째 트랙인 '모세5경'과 두 번째 트랙인 '왕정 500년' 사이에 너무나도 다른 분위기로의 '반전'이 있기 때문입니다.

'모세5경' 후에 분위기가 확 반전됩니다. 반전 포인트는 사무엘상 8장입니다. 사무엘상 8장에 보면 하나님께서 사무엘에게 "저들이 너를 버림이 아니요 나를 버렸다."라는 말씀을 하십니다. 이스라엘 백성이 그 좋은 제사장 나라를 뒤로하고 왕정을 요구했던 것입니다.

> "우리에게 왕을 주어 우리를 다스리게 하라 했을 때에 사무엘이 그것을
> 기뻐하지 아니하여 여호와께 기도하매 여호와께서 사무엘에게 이르시
> 되 백성이 네게 한 말을 다 들으라 이는 그들이 너를 버림이 아니요 나를
> 버려 자기들의 왕이 되지 못하게 함이니라"(삼상 8:6~7)

'모세5경'은 아브라함에서 시작해서 모세 때까지 하나님의 꿈과 계획인 제사장 나라를 세우는 분위기였습니다. 그런데 사무엘상 8장을 기점으로 이스라엘 백성이 하나님의 직접 통치인 제사장 나라가 아닌, 다른 나라들처럼 왕이 다스리는 왕정이 필요하다고 사무엘에게 요구하고 나선 것입니다.

첫 번째 트랙이 '제사장 나라 거룩한 시민이 된 이스라엘 백성'이라면 두 번째 트랙은 '다른 나라들처럼 왕의 통치를 원하는 이스라엘 백성'이라는 큰 차이가 있음을 확인해야 합니다. 제사장 나라와 왕이 통치하는 나라의 분위기는 확연히 다릅니다. 그래서 두 트랙이 크게 구분되는 것입니다.

그래서 구약성경의 첫 번째 '모세5경'의 분위기가 사무엘상 8장을 기점으로 '왕정 500년'의 분위기로 바뀝니다.

성경은 큰 그림을 그리며 배워야 합니다. 처음에는 낯설겠지만 성경을 7개 트랙 중심으로 한번 크게 정리하고 나면, 성경은 쉽고 재미있는 책이 될 것입니다. 성경을 공부하는 데 자신을 갖게 될 것입니다. 그래서 성경의 큰 이야기, 작은 이야기, 많은 성경 구절이 흩어지지 않고 갈수록 구슬 구슬로 꿰어지는 경험을 통해 성경을 나의 책으로 소유하는 놀라운 복을 누리게 될 것입니다. 기대하십시오!

5. '모세5경'에 속한 성경 이야기

본격적으로 '왕정 500년' 이야기로 넘어가기 전에 '모세5경'에 속한 성경 이야기를 각 권별로 짧게 살펴보겠습니다.

▶ <창세기> 이야기

〈창세기〉는 우주 만물과 인간을 창조하신 하나님이 어떤 분이신지를 알려주는 책입니다. 크게 원역사(1~11장)와 족장사(12~50장)로 구분되는 〈창세기〉는 하나님의 창조 사역과 하나님과 동역한 믿음의 사람들에 관한 이야기를 담고 있습니다. 원역사는 창조, 타락, 홍수, 바벨탑 사건으로 전개되며, 족장사에는 아브라함, 이삭, 야곱, 요셉이 등장합니다. 〈창세기〉는 야곱의 가족 70명이 큰 민족을 이루기 위해 하나님의 뜻에 따라 입(入)애굽하고, 출(出)애굽을 꿈꾸면서 마칩니다.

▶ <출애굽기> 이야기

〈출애굽기〉는 입애굽한 아브라함의 후손들이 430년 만에 드디어 큰 민족을 이루어 애굽에서 나오는 이야기를 담은 책입니다. 〈창세기〉에 이어 구약의 두 번째 책인 〈출애굽기〉는 야곱의 가족 70명이 세월이 흘러 히브리 민족이 되어 하나님께서 정하신 때에 노예 생활하던 애굽에서 나와 시내산에 도착하기까지의 여정과 하나님과 그들 사이에 맺은 제사장 나라 언약과 성막 제작 등이 기록되어 있습니다.

▶ 〈레위기〉 이야기
〈레위기〉는 하나님께서 출애굽 이후 시내산에 도착한 이스라엘 백성에게 주신 율법에 대해 기록한 책입니다. 〈레위기〉에는 이스라엘 백성을 '제사장 나라'의 '거룩한 백성(시민)'으로 세우시고자 하나님께서 제시하신 조건들의 내용(율법)이 담겨 있습니다. 또한 하나님과의 깊은 만남을 위한 다섯 가지 제사와 제사장 위임식이 소개되어 있습니다. 하나님께서는 율법을 통해 하나님 사랑이 곧 이웃 사랑임을 가르쳐주고 계십니다. 〈레위기〉는 읽으면 읽을수록 하나님의 깊은 사랑이 느껴지는 책으로, 우리를 향한 하나님의 러브레터입니다.

▶ 〈민수기〉 이야기
〈민수기〉는 출애굽한 이스라엘 백성의 40년 광야 생활과 가나안 땅에 들어가기 직전까지의 내용들을 기록한 책입니다. 〈민수기〉는 '숫자들(Numbers)'이라는 책의 이름대로 두 번의 인구조사가 주된 내용이며, 두 번의 인구조사를 통한 진영 정비 및 율법을 통한 광야에서의 교육 내용을 중심적으로 다루고 있습니다. 첫 번째 인구조사는 출애굽 직후 시내산에서 행해졌고, 두 번째 인구조사는 40년 후에 출애굽세대의 자녀 세대들인 만나세대를 대상으로 실시되었습니다. 그런데 놀랍게도 이스라엘 백성의 숫자는 광야 40년 동안 줄어들지 않았습니다.

▶ <신명기> 이야기

<신명기>는 '하나님의 명령을 되풀이하여 기록함(申命記)'이라는 뜻으로 모세가 만나세대들에게 전하는 마지막 메시지를 담은 책입니다. <신명기>는 모세가 자신의 생을 마치기 전 모압 평지에서 약속의 땅 가나안을 바라보며 만나세대들에게 네 번에 걸쳐 행했던 '만나학교 졸업식 설교'이자 최고의 '역사 특강'입니다. 출애굽세대는 광야에서 죽고 만나세대만이 살아남은 상황에서 모세는 지난 40년의 광야 생활을 회상하며 유언과도 같은 메시지를 선포했습니다. 앞으로 들어갈 가나안에서 율법을 지키고 하나님을 사랑하라고 당부하며, 그들을 축복하고 끝을 맺습니다.

6. '모세5경'과 함께하는
〈여호수아〉, 〈사사기〉, 〈룻기〉 이야기

'모세5경'과 '왕정 500년' 사이에 〈여호수아〉, 〈사사기〉, 〈룻기〉가 들어 있습니다. 〈여호수아〉는 이스라엘 백성이 가나안을 정복하고 땅을 분배하며 제사장 나라 시스템을 정비한 기록이고, 〈사사기〉와 〈룻기〉는 두 권 모두 사사 시대의 기록으로 이때는 왕정이 아닌 제사장 나라 틀을 유지한 시기였습니다. 그러므로 〈여호수아〉, 〈사사기〉, 〈룻기〉는 '모세5경'과 '왕정 500년' 사이의 징검다리라 할 수 있습니다.

▶ <여호수아> 이야기

〈여호수아〉는 여호수아를 중심으로 만나세대가 약속의 땅 가나안에 정착하는 과정을 담은 책입니다. 여호수아와 만나세대들이 가나안에 들어가기 전까지 가나안 땅에 거주했던 사람들은 온갖 우상을 섬기며 악행을 일삼고 있었습니다. 여호수아는 모세에 이어 이스라엘의 지도자가 되어 요단 서편의 여리고성을 시작으로 정복 전쟁을 시작했습니다. 5년에 걸쳐 31개의 성을 정복한 여호수아는 전쟁 영웅임에도 왕이 되지 않고 제사장 나라의 거룩한 시민이 되었으며, 열두 지파에게 땅을 분배해주고 하나님만을 섬길 것을 당부했습니다.

▶ <사사기> 이야기

〈사사기〉는 가나안 땅에 정착한 만나세대의 후손 이스라엘 백성이 사사들에 의해 다스려지던 시대를 기록한 책입니다. 아직 정복하지 못한 땅이 남아 있던 상황에서 가나안 땅을 분배받은 이스라엘 백성은 모세와 여호수아가 그렇게 간절히 부탁했던 것을 잊어버리고 오히려 가나안 사람들이 믿는 우상을 섬기기 시작했습니다. 하나님께서는 이스라엘 백성이 죄를 깨닫고 돌이키기를 바라시며 주변 민족들이 이스라엘을 침략하게 하셨습니다. 그런데 이스라엘은 고통이 다가올 때만 하나님을 찾았고, 하나님께서 사사들을 보내셔서 그들을 구원하시면 다시 이전의 상태로 돌아가기를 반복했습니다. 사사 시대에 활동한 사사들은 옷니엘, 에훗, 삼갈, 드보라, 바락, 기드온, 돌라, 야일, 입다, 입산, 엘론, 압돈, 삼손, 엘리, 사무엘입니다.

▶ <룻기> 이야기

〈룻기〉는 어두운 사사 시대에 하나님의 율법이 아름답게 구현된 이야기가 기록된 책입니다. 베들레헴이라는 작은 시골 마을 공동체에 닥친 어려움을 율법에 따라 해결해가는 과정과 하나님의 놀라운 섭리가 이루어지는 내용을 담은 책이 〈룻기〉입니다. 〈룻기〉는 제사장 나라의 율법인 희년법과 계대결혼법, 그리고 삶의 현장에서 하나님의 거룩이 어떻게 실현되는지를 보여주고 있습니다. 추수 때에 밭모퉁이 일부를 남겨두어 고아와 과부와 나그네와 가난한 자를 배려하는 것이 하나님께서 우리에게 실천하라고 주신 진정한 '거룩'임을 가르쳐주고 있습니다. 〈룻기〉는 제사장 나라 교육의 성공 사례 이야기라고 할 수 있습니다.

Tong point

'모세5경'의 질문과 답

왜! 모세, 여호수아, 기드온, 사무엘은 왕이 되지 않으려고 노력까지 했는가?

– 왜냐하면, 제사장 나라의 거룩한 시민이 되고 싶어서

네 번째 만남

2트랙 – 왕정 500년

'왕정 500년'이란?

이스라엘이 왕의 통치를 받은 약 500년의 기간을 말합니다. 이스라엘은 초대 왕 사울(40년 통치)에 이어 다윗(40년 통치), 그리고 솔로몬(40년 통치) 때까지 120년간 통일 왕국이었습니다. 그 후 나라가 북이스라엘과 남유다로 나뉘어 분단된 채 200년을 보냈습니다. 200년간 한 민족, 두 국가로 있던 이스라엘은 북이스라엘이 앗수르에 멸망함으로 남유다만 남게 됩니다. 남유다는 북이스라엘이 멸망한 이후 150년을 더 유지하지만, 남유다도 결국 바벨론에게 멸망해 나라의 문을 닫고 백성은 바벨론 포로로 끌려가고 맙니다. 성경에서 이스라엘의 초대 왕 사울에서부터 남유다의 마지막 왕 시드기야 통치까지를 다룬 부분이 바로 '왕정 500년'입니다.

1. '왕정 500년' 이야기 (1)
: 왕과 선지자들의 대립과 협력 속에 경영된 제사장 나라

지금 우리는 하나님의 통通드라마, 통通성경을 공부하고 있습니다. 이번에 공부할 통通드라마의 기간은 어떻게 될까요? 우리나라 역사에는 시대마다 신라 왕조, 고려 왕조, 조선 왕조와 같은 왕조들이 등장합니다. 조선 왕조의 경우 기간은 500년이었고, 등장하는 왕들은 27명이었습니다. 태조 이성계로 시작하여 고종의 아들 순종까지 총 27명의 왕이 등장한 이야기를 '조선 왕조 500년'이라고 말합니다. 그런데, 성경에도 '왕정 500년'이 있다는 사실을 아십니까?

성경의 '왕정 500년'은 이스라엘 왕정 500년을 말합니다. '모세5경'이 끝나고, B.C.1050년경에 이스라엘에 첫 번째 왕 사울이 등장한 후 남유다가 멸망한 B.C.586년 시드기야 왕까지 대략 500년의 기간을 '왕정 500년'이라고 이름하여 공부하겠습니다. 지금부터 통通 7트랙 '왕정 500년'의 전체 이야기를 드라마처럼 묶어서 쉽고, 재미있게 살펴보겠습니다.

'왕정 500년' 제목 자체가 이미 말해주듯이 왕이 중심이 되어서 500년 동안 시대를 이끌었다는 이야기입니다. 우리는 지금 민주주의 시대를 살고 있습니다. '민(民)'이 주인인 시대, 민주주의 시대입니다. 그런데 그 옛날에 동서양을 막론하고, 물론 그리스라는 작은 도시 국가에서 민이 주인이라는 민주적인 때가 있기는 했지만, 대체적으로 고대와 중세 역사 전체를 놓고 보면 왕들이 중심이 되어 국가를 이끌었습니다. 왕이 중심이 되는 국가를 '왕정'이라고 말합니다.

왕정 500년

: 선지자 사무엘과 사울 왕으로 시작, 선지자 예레미야와 시드기야 왕으로 끝

성경의 '왕정 500년', 그 시작은 이스라엘의 첫 번째 왕 사울입니다. 그리고 끝은 시드기야 왕입니다. 사울 왕이 왕정을 시작할 때 활동했던 선지자는 사무엘 선지자입니다. 그런가 하면 시드기야 왕이 왕정을 끝낼 당시에도 선지자가 있었습니다. 예레미야 선지자입니다. 따라서 '왕정 500년'은 선지자 사무엘과 왕 사울로 시작해 선지자 예레미야와 왕 시드기야로 끝났고, 기간은 대략 500년이었다고 크게 정리할 수 있습니다.

이때를 배경으로 하는 성경이 무엇인지 살펴보면 구약성경의 역사서인 〈사무엘상·하, 열왕기상·하, 역대상·하〉와 중요한 예언서들, 즉 〈아모스, 호세아, 요나, 이사야, 미가, 스바냐, 하박국, 나훔, 요엘, 예레미야, 예레미야애가, 오바댜〉가 '왕정 500년' 안에 들어 있습니다.

2. '왕정 500년' 이야기 (2)
: 왜! 나단, 엘리야, 이사야, 예레미야는 왕과 대립했는가?

'왕정 500년'을 배경으로 많은 질문이 있을 수 있습니다. '왕정 500년'을 잘 이해할 수 있도록 쉽고 가벼운 질문을 하나 만들어보겠습니다.

질문, '왜 나단, 엘리야, 이사야, 예레미야는 왕과 대립했을까요?

왕정에서는 왕이 가장 힘센 자이며, 왕의 말은 곧 법입니다. 그렇기 때문에 왕정 시대에서는 왕의 말에 복종해야 했고 잘 보이기 위해 어떤 행동도 할 수 있는 시대, 아부까지 해야 하는 시대였습니다. 그런데 왜 선지자들이 감히 왕과 대립을 선언했을까요? 이 부분을 한번 생각해보아야 합니다.

여타 나라의 왕정 이야기들과 성경의 왕정 이야기는 어떤 부분에서 변별성이 있을까요? 궁금하시죠? 좋은 질문에 대해서 대답을 시도하는 것은 굉장히 획기적인 공부 방법입니다. 그래서 학교에서 선생님과 학생들 사이에 늘 질문과 대답이 오가는 것입니다.

자, 답을 시도해보겠습니다. 왜냐하면, 왕의 통치가 제사장 나라의 기준에 못 미쳤기 때문입니다. 물론 선지자들이 왕과 대립만 선언한 것이 아니라 협력도 했습니다.

나단 선지자와 다윗 왕

예를 들어 나단 선지자는 다윗 왕과 대립도 하고 협력도 했습니다. 다윗은 왕이 되어서 40년 동안 국가를 이끌었습니다. 사실 왕이 되기 전이나 왕이 되고 난 후나 감히 다윗과 대결할 수 있는 사람이 그 시대에는 없었습니다. 다윗, 정말 대단한 사람이었습니다. 다윗은 청소년 시절에는 곰과 사자와 싸워서 이겼습니다. 더 나아가 블레셋의 장수 골리앗과 싸워서 이겼습니다. 이후에도 다윗을 이긴 싸움 상대는 없었습니다. 더욱이 다윗이 왕이 된 후에는 어디를 가든지, 누구와 싸우든지 승리했습니다. 싸우면 백전백승하는 사람이 다윗이었습니다.

그런 다윗에게 싸움을 걸고 나온 사람이 있었으니, 그 사람이 나단 선지자입니다. 다윗이 여러모로 훌륭했지만 다윗 스스로도 '아… 이건 아니었어! 너무 아니야!'라고 부끄럽게 생각한 사건이 그의 인생에 있었습니다. 우리아 장군을 죽인 사건입니다. 다윗은 자신이 가진 왕의 권력을 이용해서 사건을 감쪽같이 덮었습니다. 그런데 어느 날 나단 선지자가 왕궁에 나타나서 "아니다. 당신이 왕의 권력을 가지고 덮었지만, 분명 당신은 살인을 행한 사람이다."라고 감히 밝혔습니다.

그동안 다윗은 골리앗을 비롯해 수많은 적을 꿇게 만들었습니다. 그런 그가 나단 선지자의 지적을 받고 나서 즉시 무릎을 꿇었습니다. 이처럼 다윗 왕이 제사장 나라 법을 어기고 잘못했을 때에는 나단 선지자가 나서서 대립했습니다. 정말 대단한 선지자요, 대단한 왕입니다.

나단 선지자는 다윗이 하나님의 언약궤를 모실 성전을 짓겠다고 꿈을 꿨을 때에는 협력했습니다.

원래 하나님의 언약궤는 레위 자손 중에서 고핫 자손이 어깨에 메어 옮기게 되어 있습니다. 그런데 다윗이 더 이상 언약궤가 옮겨 다니지 않도록 예루살렘에 집을 지어서 언약궤를 모셔 놓겠다는 획기적이고 도발적인 상상을 했습니다. 나단 선지자가 다윗의 이 생각을 듣고 협력했고, 나단 선지자를 통해 하나님의 허락을 받은 다윗이 예루살렘 성전을 지을 준비를 하게 된 것입니다.

이스라엘 '왕정 500년' 동안 대략 42명의 왕이 등장합니다. 그 많은 왕 가운데 다윗이 가장 월등한 왕이라고 칭찬을 받습니다. 다윗 왕은 나단 선지자의 협력을 잘 받아내면서 제사장 나라 이스라엘을 통치했습니

다. 그랬기에 하나님께서는 모범이 되었던 다윗을 칭찬하시며 다윗의
통치를 '다윗의 길'이라고 평가하셨습니다.

이 정도면 '왜! 나단, 엘리야, 이사야, 예레미야는 왕과 대립했을까요?'
라는 질문에 대한 답이 나오지요? 선지자는 제사장 나라를 지키기 위
해서는 왕이라 할지라도 기꺼이 대립을 선언했고, 선지자가 소중하게
생각하는 것을 왕이 더 소중하게 여기려고 하면 아낌없이 협력했습니
다. 그렇다면 선지자는 누구입니까? 한마디로 하나님의 명령을 전달하
는 사람입니다.

하나님께서는 이미 모세를 통해서 '모세5경'이라는 소중한 명령을 전달
해주셨습니다. 왕이 '모세5경'을 통해 주신 '제사장 나라'의 법대로 나라
를 경영했을 때에는 선지자가 아낌없이 왕을 도왔습니다. 그러나 그 기
준에 어긋나면 선지자는 아무리 힘센 왕이라 할지라도 대결을 선언했
습니다. 그래서 '왕정 500년' 동안 제사장 나라를 기준으로 왕과 선지자
사이에 대립도 있었고, 협력도 있었다고 정리하면 이 기간을 잘 이해할
수 있습니다.

성전 건축의 소망으로 인해 다윗에게 주신 하나님의 약속대로 다윗의
아들 솔로몬이 통일 이스라엘의 세 번째 왕이 됩니다. 그런데 솔로몬
통치 이후 이스라엘은 한 민족 두 국가가 되어버립니다. 그 중요한 이
유는 솔로몬이 초반에는 하나님께서 주신 지혜로 통치를 잘하는 것 같

앗지만 후반에 이르러서는 그 지혜를 가지고 이스라엘을 자기 자신을 위한 나라로 만들었기 때문입니다. 이것이 폐단이 되어서 이스라엘이 한 민족 두 국가로 나뉘는 아픈 흔적을 남기고 맙니다.

미국은 대표적인 다민족 한 국가입니다. 여러 민족들이 모여서 하나의 나라를 이룬 것입니다. 그런데 우리나라는 한 민족이 두 나라로 나뉜 한 민족 두 국가입니다. 우리와 같은 복잡한 모형이 성경에 있었다는 것입니다.

솔로몬이 죽고 그의 아들 르호보암이 왕이 되었을 때 이스라엘은 한 민족 두 국가, 즉 북이스라엘과 남유다로 나라가 나뉩니다. 바로 이 때문에 '왕정 500년' 기간에 왕이 42명이나 등장한 것입니다.

이스라엘이 분단되어 200여 년을 내려오다가 북이스라엘은 앗수르에 멸망하고, 남유다만 150여 년을 더 이어갑니다. 다소 복잡한 '왕정 500년' 이야기입니다. 그러나 전체 이야기를 알고 보면 어렵지 않습니다.

엘리야 선지자와 아합 왕

먼저 남북 분단 200년 기간에 등장했던 대표적인 선지자로 엘리야와 이사야를 꼽을 수 있습니다.

엘리야 선지자의 경우는 북이스라엘의 아합 왕과 대립했습니다. 아합 왕 때에는 북이스라엘이 제사장 나라와는 너무나 거리가 멀어져 있습니다. 이 때문에 3년이라는 기나긴 흉년 징계가 있었습니다. 3년 흉년의 책임을 놓고 아합 왕이 엘리야를 만나서 "너 때문이야!"라고 말하자, 엘리야 선지자가 "아닙니다. 왕과 왕의 집안 때문입니다."라고 왕과 정면으로 맞섰습니다.

> "엘리야를 볼 때에 아합이 그에게 이르되 이스라엘을 괴롭게 하는 자여 너냐"(왕상 18:17)

> "그가 대답하되 내가 이스라엘을 괴롭게 한 것이 아니라 당신과 당신의 아버지의 집이 괴롭게 하였으니 이는 여호와의 명령을 버렸고 당신이 바알들을 따랐음이라"(왕상 18:18)

그리고 나서 엘리야가 대결을 선언합니다. 과연 흉년의 이유가 누구 때문인지 결판을 내자고 대결을 선언한 것입니다. 그렇게 시작한 대결이 "불로 응답하소서."라고 외친 갈멜산 대결입니다. 갈멜산 대결은 엘리야 선지자의 승리로 끝이 납니다.

이후 엘리야 선지자는 아합 왕을 도와서 제사장 나라를 바로 세우기 위해 아합 왕이 있는 이스르엘로 달려갑니다. 그런데 아합의 아내 이세벨이 이에 굴복하지 않고 오히려 엘리야를 죽이려 하는 안타까운 일이 일어났습니다.

아합 왕처럼 끝내 하나님께서 원하시는 제사장 나라 통치로 돌아오지 않는 북이스라엘 왕들로 남북 분단 200년이 지속됩니다. 하나님께서는 마침내 이사야 선지자를 통해서 북이스라엘의 문을 닫아야겠다는 계획을 세우십니다.

이사야 선지자와 아하스, 히스기야 왕

이제 북이스라엘이 앗수르 제국의 손에 넘어가 멸망하는 때에 남유다는 어떤 입장을 취해야 되겠습니까? 이 중요한 시점에 하나님께서 이사야 선지자를 남유다의 왕 아하스와 히스기야에게 보내서 대립과 협력 관계를 갖게 하십니다.

어떤 문제를 놓고 이사야 선지자가 왕과 대립했을까요? 아하스 왕을 이어 남유다를 통치하던 히스기야 왕 때로 가보겠습니다. 마침내 앗수르가 제국주의로 나가며 북이스라엘을 멸망시키고 남유다를 위협하는 상황에 이릅니다. 그러자 적의 적은 동지라는 차원에서 히스기야 왕은 앗수르를 견제하기 위해 애굽이라는 나라와 외교 관계를 맺으려고 했습니다.

이때 이사야 선지자는 "애굽과는 손잡지 말라, 괜히 앗수르를 자극할

뿐이다."라고 경고했습니다. 비록 앗수르가 북이스라엘을 멸망시켰지만 그들의 역할은 거기까지라고 말씀하신 하나님의 뜻을 전했습니다. 즉 경계는 제국이 정하는 것이 아니라, 하나님께서 정하신다는 것입니다, 그러니 괜히 애굽을 끌어들여서 오히려 앗수르를 자극해 앗수르가 세계를 지배하는 것처럼 생각하도록 상황을 흩트려놓지 말라고 히스기야 왕을 설득했습니다.

하지만 히스기야 왕이 끝내 애굽과의 동맹을 강행하자 이사야 선지자는 히스기야 왕의 외교 노선을 비판하며 다시 설득합니다. 그리고 히스기야 왕이 의지하려는 애굽의 미래 모습을 알려주기 위해 3년 동안 벗은 몸으로 예루살렘에 출근하는 퍼포먼스까지 펼치며 메시지를 전했고, 왕과 대립했습니다.

히스기야 왕은 끝내 이사야 선지자의 말을 듣지 않던 아버지 아하스 왕과는 달리 이사야의 말을 듣습니다. 히스기야 왕은 앗수르의 산헤립 왕이 예루살렘을 포위했을 때 나가서 항복하지 않고 성전에 들어가서 하나님 앞에 기도하면서 이사야 선지자에게 기도를 요청했습니다. 그때 이사야 선지자가 히스기야 왕을 돕습니다.

히스기야 왕의 아들 대부터는 남유다만 남아서 국가를 유지합니다. 이후 150년이 지나고 하나님께서는 예레미야 선지자를 보내셔서 시드기야 왕에게 하나님의 뜻을 전하십니다.

예레미야 선지자와 시드기야 왕

이미 그때는 앗수르를 멸망시킨 바벨론 제국이 남유다에 와서 항복을 요구하고 있는 상황이었습니다. 예레미야 선지자는 시드기야 왕에게 바벨론에 항복하고 그곳으로 끌려가서 70년 동안 징계를 받으며, 제사장 나라 교육을 다시 받을 것을 끊임없이 설득했습니다.

남유다가 멸망하는 것은 남유다가 하나님과 맺은 제사장 나라 언약을 깨뜨렸기 때문입니다. 그러나 시드기야 왕은 예레미야 선지자의 설득을 듣지 않았습니다. 이들의 대립은 상당히 오래갔습니다. 시드기야 왕은 바벨론에 순순히 항복하고 하나님의 징계를 달게 받으라는 예레미야 선지자의 외침을 헛되게 만들었습니다. 시드기야 왕은 저항하며 바벨론에 항복하라는 예레미야 선지자의 말을 끝까지 듣지 않았습니다.

결국 바벨론의 군대에 의해 예루살렘은 완전히 파괴되고 무참히 약탈당하고, 백성들은 바벨론 포로로 처참하게 끌려갔습니다. 시드기야 왕이 바벨론에 항복했으면 징계를 좀 더 쉽게 받았을 것입니다. 그러나 그 기회를 놓친 남유다는 바벨론 제국의 핍박을 매우 심하게 받았고, 이 때문에 예레미야 선지자가 그렇게 많이 눈물을 흘리며 편지를 썼던 것입니다. 저항의 대가만큼 예루살렘은 더 큰 아픔을 겪었습니다. 그렇게 예레미야 선지자와 시드기야 왕 때 '왕정 500년'이 최종 종료되었습니다.

3. '왕정 500년'의 분위기
: 제사장 나라를 두고 왕과 선지자들이 대립하고
협력하는 분위기

앞서 살펴본 대로 하나님께서는 왕을 통해서가 아니라, 직접 제사장 나라 이스라엘을 다스리기 원하셨습니다. 그래서 약속의 땅 가나안에 들어간 모든 부모가 자녀에게 직접 성경(모세오경)을 제사장 나라에 대해 가르치게 하셨던 것입니다. 그런데 이스라엘 민족은 약속의 땅 가나안에 정착해 살면서 더 이상 하나님의 통치가 아닌, 다른 나라들처럼 왕이 이스라엘을 통치해줄 것을 요구하고 나섰습니다. 하나님께서는 사무엘을 통해 왕정의 폐해가 어떤 것인지 미리 자세하게 설명해주셨지만, 이스라엘은 끝내 왕정을 요구했습니다. 그래서 하나님께서 차선의 선택으로 이를 허락하심으로 이스라엘 왕정이 시작된 것입니다.

이스라엘 왕정은 120년 동안 통일 왕국으로 존재하다가, 북이스라엘과 남유다로 나뉘어 200년을 한 민족 두 국가로 존재했습니다. 그러다 북이스라엘은 200년 만에 앗수르에게 멸망해 사마리아인이라는 혼혈족이 되고, 남유다는 그 후로 150여 년을 더 유지합니다. 남유다에는 유다 지파, 베냐민 지파, 그리고 소수의 레위 지파가 있었습니다. 그런데 그들도 점차 하나님의 말씀에서 멀어지면서 마침내 바벨론에 의해 멸망하고 맙니다.

사울 왕에서 시작하여 남유다 마지막 왕이었던 시드기야 왕까지의 왕정, 즉 이스라엘에서 왕의 통치는 약 500년 동안이었습니다. '왕정 500년'간 하나님께서는 이스라엘이 우상을 섬기고 하나님께로부터 멀어질 때마다 선지자들을 보내셨습니다. 그래서 이스라엘의 '왕정 500년'과 선지자의 활동 시기가 겹치는 것입니다. 때문에 역사서와 예언서를 함께 통(通)으로 읽어야 합니다.

'왕정 500년'을 '제사장 나라를 두고 왕과 선지자들이 대립하고 협력하는 분위기'라고 설명한 것은 이 기간 동안 선지자들이 백성들에게는 물론이거니와 특히 왕에게 가서 하나님의 뜻을 전하는 과정에서 왕과 선지자 사이에 대립과 협력이 있었기 때문입니다. 그래서 나단, 엘리야, 이사야, 예레미야를 비롯해 수많은 선지자가 왕과 대립하고 협력하면서 제사장 나라를 지켜나갔습니다. 그러므로 '왕정 500년'은 제사장 나라를 두고 왕과 선지자들이 대립하고 협력하는 분위기가 전체 분위기라 할 수 있습니다.

4. '왕정 500년'에서 '페르시아 7권'으로 넘어가는 반전 분위기

: "그것이 오히려 나의 소망이 되었사옴은"
(예레미야애가 3장, 예레미야가 슬픔을 오히려 소망으로 바꾸면서)

'왕정 500년'이 끝났습니다. 남유다가 바벨론 제국에게 멸망함으로 예루살렘 성전과 왕궁과 집들이 모두 불에 타버렸습니다. 예루살렘에 있던 많은 백성이 바벨론 군인들의 손에 비참하게 죽고, 많은 백성이 바벨론 포로로 끌려갔습니다.

바벨론 군인들의 약탈로 말미암아 초토화된 예루살렘에서 예레미야는 간이 땅에 쏟아지는 것 같은 고통을 겪으며 밤새 울고 또 울고 있었습니다. 예레미야는 "내 눈이 눈물에 상하며 내 창자가 끊어지며 내 간이 땅에 쏟아졌으니"(애 2:11)라고 슬픈 노래를 부르며 안타까워했습니다.

여기에 반전 포인트가 나옵니다. 무슨 이야기일까요? 그렇게 밤새 울던 예레미야가 예루살렘 백성이 다 진멸되지 않고 살아서 바벨론에 포로로 끌려간 사람들이 있음을 생각하게 된 것입니다. 예레미야가 그 아품 속에서 여호와의 인자와 긍휼과 자비가 무궁하심으로 우리가 다 진멸되지 않았다는 사실을 발견한 것입니다.

> "내 고초와 재난 곧 쑥과 담즙을 기억하소서 내 마음이 그것을 기억하고 내가 낙심이 되오나 이것을 내가 내 마음에 담아 두었더니 그것이 오히려 나의 소망이 되었사옴은 여호와의 인자와 긍휼이 무궁하시므로 우리가 진멸되지 아니함이니이다 이것들이 아침마다 새로우니 주의 성실하심이 크시도소이다"(애 3:19~23)

죽지 않고 살아남은 자들이 있다는 이야기입니다. 남유다 사람들이 그들의 죄로 말미암아 다 진멸되어야 했음에도 불구하고 하나님께서 1,2,3차에 걸쳐 바벨론 포로로 보내심으로 그들을 살려두신 것입니다. 바벨론 포로로 끌려간 그들에게 소망이 있습니다.

비록 왕이 경영하는 왕정은 종료되고 나라는 없어졌지만 이제 이스라엘 민족의 새로운 미래가 다시 시작된다는 이야기로 '왕정 500년' 이야기가 끝이 납니다.

5. '왕정 500년'에 속한 성경 이야기 (1)
: 통일왕국 이야기

'왕정 500년'을 공부할 때에는 성경의 역사서인 〈사무엘상·하〉, 〈열왕기상·하〉와 그 시대에 활동했던 선지자들이 기록한 예언서를 함께 읽어야 합니다. 그리고 '왕정 500년' 공부가 모두 끝난 후에는 〈역대상·하〉를 통해 다시 한번 '왕정 500년'을 총정리하는 것이 좋습니다.

활동 선지자	북이스라엘 (재위기간)	연도 (B.C)	남유다 (재위기간)	활동선지자
아히야, 잇도 등	여로보암 1세(22) ①	931	① 르호보암(17)	스마야, 잇도
		913	② 아비얌(3)	잇도
	나답(2) ②	910	③ 아사(41)	아사랴, 하나니
예후	바아사(24) ③	909		
	엘라(2) ④	886		
	시므리(7일) ⑤	885		
	오므리(12) ⑥	885		
엘리야	아합(22) ⑦	874		
		872	④ 여호사밧(25)	예후, 야하시엘, 엘리에셀
엘리야, 엘리사	아하시야(2) ⑧	853		
엘리사	여호람(요람)(12) ⑨	852		
		848	⑤ 여호람(요람)(8)	
엘리사	예후(28) ⑩	841	⑥ 아하시야(1)	
		841	⑦ 아달랴(6)	
		835	⑧ 요아스(40)	
엘리사	여호아하스(17) ⑪	814		

	요아스(16) ⑫	798		
		796	⑨ 아마샤(29)	
아모스, 호세아, 요나	여로보암 2세(41) ⑬	793		
		790	⑩ 웃시야(아사랴)(52)	이사야
호세아	스가랴(6개월) ⑭	753		
호세아	살룸(1개월) ⑮	752		
호세아	므나헴(10) ⑯	752		
		751	⑪ 요담(16)	이사야, 미가
호세아	브가히야(2) ⑰	742	⑫ 아하스(16)	이사야, 미가
호세아, 오뎃	베가(20) ⑱	740		
호세아	호세아(9) ⑲	732		
		725	⑬ 히스기야(29)	이사야, 미가
	북이스라엘 멸망(약 210년)	722		
		697	⑭ 므낫세(55)	
		642	⑮ 아몬(2)	
		640	⑯ 요시야(31)	예레미야, 나훔, 스바냐
		609	⑰ 여호아하스(3개월)	예레미야
		609	⑱ 여호야김(11)	예레미야, 하박국
		598	⑲ 여호야긴(3개월)	예레미야, 다니엘
		598	⑳ 시드기야(11)	예레미야, 다니엘, 에스겔
		586	남유다 멸망(약 345년)	오바댜

이스라엘 왕들의 통치 연대는 학자들 간에도 정확히 일치하지 않습니다. 부분적으로는 잘못 계산된 경우도 있으며, 남북 왕조의 연대 계산법이 서로 일치하지 않았기 때문으로 보입니다. 또한 남유다에는 '공동섭정제도'가 있어 왕과 아들이 일정 기간 동안 함께 나라를 다스리기도 했습니다. 남유다와 북이스라엘의 분열 시기도 B.C.931년설, B.C.922년설 등으로 여러 가지 견해가 있습니다.

'왕정 500년' 가운데 다윗 왕을 이은 솔로몬 왕 이야기를 공부할 때 그가 쓴 시가서를 함께 공부합니다. 그리고 시가서인 〈욥기〉, 〈시편〉도 함께 읽습니다. 시가서는 〈잠언〉, 〈아가〉, 〈전도서〉, 〈욥기〉, 〈시편〉 5권의 책을 일컫습니다. 시가서는 시적으로 표현된 지혜문학으로, 율법서나 역사서, 예언서와는 다른 독특한 구약의 한 분야라고 할 수 있습니다.

▶ 〈사무엘상·하〉 이야기
〈사무엘상·하〉는 이스라엘이 사사 시대에서 왕정 시대로 넘어가는 과도기적 상황을 기록한 책입니다. 〈사무엘상〉은 이스라엘의 마지막 사사 사무엘의 탄생에서부터 이스라엘의 초대 왕 사울의 죽음까지의 내용을 담고 있습니다. 〈사무엘하〉는 이스라엘의 왕이 된 다윗이 40년간 하나님의 공의로 국가를 통치하는 과정을 담고 있습니다. 다윗은 하나님을 이스라엘의 왕으로 모시고, 이스라엘을 하나님의 백성 되게 하는 정치를 펼쳐 제사장 나라의 모범을 보여주었습니다.

▶ 〈잠언〉 이야기

〈잠언〉은 대부분 솔로몬이 쓴 글로 하나님께서 인생들에게 주시는 참된 지혜에 관하여 기록되어 있습니다. 〈잠언〉은 한 편 한 편이 모두 독립적인 주제로 구성되어 있으며, 짧은 구절에 깊은 내용이 담겨 있습니다. 〈잠언〉의 주제는 '하나님을 경외함으로 나오는 지혜'입니다. 지혜는 사람의 가르침이나 인위적인 노력을 통해 얻어지는 것이 아니라 오직 '여호와를 경외하는 마음'에서 나오는 것임을 강조하고 있습니다.

▶ 〈아가〉 이야기

〈아가〉는 '노래 중의 노래' 또는 '가장 아름다운 노래'를 의미하는 책입니다. 〈아가〉는 솔로몬과 술람미 여인의 사랑 이야기를 담고 있는데 이는 솔로몬의 정략적인 국제결혼을 바탕으로 하고 있습니다. 솔로몬은 국제정치를 하면서 1,000여 명의 부인들을 맞이했습니다. 그 결혼은 사랑에 의해서가 아니라, 국제정치를 펼치며 이루어진 정략결혼이었습니다. 그러던 중 어느 날 솔로몬이 정치나 정략과 상관없는 진정한 사랑을 발견하면서 이 아름다운 사랑의 노래를 부른 것입니다.

▶ <전도서> 이야기

〈전도서〉는 솔로몬이 인생의 마지막에 이를 때에 쓴 책입니다. 솔로몬은 하나님을 떠난 인생이 얼마나 허무하고 헛된 것인지를 알려주며 하나님을 경외하라고 당부했습니다. 솔로몬은 약 20세에 아버지 다윗의 뒤를 이어 왕이 되어 온갖 부귀영화를 누려본 사람입니다. 그런데 그가 인생 노년에 깨달은 것은 그 모든 부귀영화가 다 '헛되다'는 것입니다. 그리고 인생에서 가장 중요한 것은 젊은 날 창조주 하나님을 기억하고, 하나님을 섬기는 것이 사람의 본분임을 발견한 것입니다.

▶ <욥기> 이야기

〈욥기〉는 의인의 고난에 관한 문제를 다루고 있는 책입니다. 사탄의 시험으로 견디기 힘든 고난을 당하고 있는 욥에게 그의 세 친구들이 찾아와 인과율적인 방법으로 대화를 나누며 문제를 해결해보려고 했습니다. 욥의 친구들은 대화가 깊어가면서 욥을 위로하려던 처음 의도에서 벗어나 욥을 정죄하기까지 했습니다. 그러나 욥은 자신의 결백을 주장하며 하나님의 대답을 기다렸습니다. 결국 욥은 하나님을 통해 의인의 고난에 대한 문제를 해결받습니다. 그리고 순금처럼 단련되어 믿음의 사람으로 더욱 굳건해집니다.

▶ <시편> 이야기

〈시편〉은 하나님께 찬양과 경배를 드리기 위해 쓰인 이스라엘의 기도서이자 찬양의 책으로, 하나님께 예배하고자 하는 이스라엘 민족의 소망과 열정을 담고 있습니다. 일반적으로 〈시편〉은 하나님께 도움을 청하는 탄원시, 공동체나 개인이 부르는 찬양이 담긴 찬양시, 하나님의 왕권을 찬양하는 제왕시, 교훈과 지혜를 가르치는 지혜시, 성전에서 드리는 예배에 관한 예배시 등이 있습니다. 〈시편〉에는 다윗의 시가 다수를 차지하며, 다윗을 포함한 모든 시편 기자들은 하나님을 향한 하늘 언어를 통해 가장 아름다운 시들을 남겼습니다.

6. '왕정 500년'에 속한 성경 이야기 (2)
: 분열왕국 이야기

신약성경에서는 〈사도행전〉과 바울의 서신서들을 함께 읽어야 그 시대의 역사를 이해하는 데 도움이 되듯이, 구약성경에서는 〈열왕기상·하〉와 예언서들을 함께 읽어야 이해의 폭이 훨씬 커지고 깊어집니다.

하나님께서는 사랑하는 이스라엘 백성의 마음을 돌이키시고 다시 온 세계를 위한 제사장 나라의 사명을 감당시키시고자 힘든 시기마다 선지자들을 보내셨습니다. 그러므로 선지자들이 등장했다는 것은 그 시대가 하나님 보시기에 너무나도 악했다는 증거입니다.

'왕정 500년'과 함께하는 예언서는 〈아모스〉, 〈호세아〉, 〈요나〉, 〈이사야〉, 〈미가〉, 〈스바냐〉, 〈하박국〉, 〈나훔〉, 〈요엘〉, 〈예레미야〉, 〈예레미야애가〉, 〈오바댜〉입니다.

하나님께서는 북이스라엘의 많은 백성이 바알과 아세라 우상에 절하며 하나님을 멀리하자 아합 왕 시대에는 엘리야 선지자를 보내셨고, 여전히 하나님께 돌아오지 않는 시대를 바라보시며 엘리사 선지자를 보내셨습니다. 그러나 북이스라엘은 더욱 우상으로 물들여졌고, 경제적으로 가장 번성했던 시기인 B.C.8세기 여로보암 2세 때에는 나라의 정의와 공의가 모두 사라지고 말았습니다. 하나님의 율법은 사라지고 부익부 빈익빈의 양극화가 너무나도 극심했던 것입니다. 그러자 하나님께서 북이스라엘에 아모스 선지자와 호세아 선지자를 보내셨습니다. 그리고 요나 선지자를 앗수르의 니느웨로 보내 하나님께서 선민 이스라엘만의 하나님이 아니시고 온 세계를 통치하시는 분임을 알게 하셨습니다.

동시대인 B.C.8세기 남유다의 아하스 왕과 히스기야 왕 시대의 부패 또한 매우 심각한 상황이었습니다. 하나님께서는 그때 남유다에는 이사야 선지자와 미가 선지자를 보내셨습니다. 이들 선지자들은 당시 사회의 잘못을 지적하고 회개를 촉구하며 하나님께로 돌아올 것을 목놓아 외쳤습니다.

결국 북이스라엘은 망하고 남유다만 남은 상황에서 하나님께서는 남유다만이라도 제사장 나라의 사명을 감당해주기를 바라시며 스바냐, 하박국, 나훔, 요엘 선지자 등을 보내셨습니다. 그런데 하나님께서 남유다에 그렇게 많은 선지자를 보내셨음에도 남유다의 왕과 신하들과 백성은 선지자들을 통한 하나님의 말씀에 귀를 기울이지 않았습니다. 그렇게 150년이 지나고 말았습니다.

150년의 기회를 주셨지만 돌아오지 않는 남유다를 향해 하나님께서는 70년간 바벨론에 포로로 다녀오게 하겠다는 계획을 세우셨습니다. 그 말씀을 전한 선지자가 바로 B.C.6세기 남유다의 마지막 왕이었던 시드기야가 통치하던 때에 활동한 예레미야 선지자입니다.

B.C.8세기에는 북이스라엘이 앗수르 제국에 의해 멸망했고, B.C.6세기에는 남유다까지도 나라의 문을 닫습니다. 사울 왕에서부터 시작한 이스라엘 왕정이 500여 년 만에 완전히 끝이 난 것입니다. 남유다 백성은 세 차례에 걸쳐 바벨론에 포로로 끌려갔습니다. 하나님께서는 바벨론으로도 선지자들을 보내 하나님의 뜻과 말씀을 전하셨습니다. 바벨론에서 하나님의 뜻과 말씀을 전한 선지자들은 에스겔과 다니엘 선지자였습니다. 왕정 마지막 역사와 함께하는 〈에스겔〉, 〈다니엘〉은 '페르시아 7권'에서 공부합니다.

이러한 큰 흐름을 알고 〈열왕기상·하〉와 선지자들이 기록한 예언서를 각각의 시대에 맞추어 함께 읽어야 그 당시의 시대 상황과 그 시대에 하나님께서 하고자 하셨던 말씀을 알 수 있습니다.

▶ 〈열왕기상·하〉 이야기
〈열왕기상·하〉는 솔로몬 시대와 그 이후 한 민족 두 국가로 나뉜 이스라엘의 역사, 그리고 제사장 나라를 기준으로 내리신 두 나라의 왕들에 대한 하나님의 평가가 기록되어 있습니다. 즉, 500여 년에 걸친 이스라엘 왕정을 총정리한 책입니다. 북이스라엘과 남유다가 하나님의 뜻에서 점점 멀어지고 우상에 빠지자 하나님께서 선지자를 보내 하나님의 뜻을 전하시며 책망하기도 하시고 달래기도 하십니다. 하나님께서 많은 선지자를 보내신 때가 이 시기입니다.

▶ <아모스> 이야기

〈아모스〉는 하나님께서 아모스 선지자를 통해 말씀하신 북이스라엘 지도층의 잘못에 대한 심판을 기록한 책입니다. 아모스 선지자는 북이스라엘이 가장 번성했던 여로보암 2세 때 활동한 선지자입니다. 하나님께서는 아모스 선지자를 통해 북이스라엘의 정치, 경제적 부패 및 이웃과의 올바르지 못한 관계에 대해 심판할 것을 말씀하시며 그들의 회개를 촉구하셨습니다. 아모스는 하나님께서 마음 없이 드리는 제사보다 "오직 정의를 물 같이, 공의를 마르지 않는 강 같이"(암 5:24) 흐르게 할 것을 원하고 계심을 분명하게 선포했습니다.

▶ <호세아> 이야기

〈호세아〉는 아모스 선지자와 동시대에 활동했던 호세아 선지자의 활동을 기록한 책입니다. 아모스 선지자가 정의와 공의가 무너진 북이스라엘을 지탄하며 회개를 촉구했다면, 호세아 선지자는 우상숭배로 얼룩진 북이스라엘을 비판함으로써 북이스라엘의 신앙을 바로 세우기 위해 노력했습니다. 호세아 선지자는 음탕한 여인 고멜과의 결혼을 통해 하나님의 끝없는 깊은 사랑을 깨닫고 "힘써 하나님을 알자."라고 강하게 주장했습니다.

▶ <요나> 이야기

<요나>는 앗수르 제국의 큰 성읍 니느웨를 향한 하나님의 말씀을 기록한 책입니다. 요나 선지자는 북이스라엘의 죄악에 대해 괴로워하고 있었지만 그럼에도 불구하고 적국으로 가서 복음을 전하라는 하나님의 말씀에는 순종하고 싶지 않았습니다. 그러나 요나 선지자는 니느웨에 가서 하나님의 말씀을 전하는 가운데 결국 하나님께서는 선민 이스라엘만을 사랑하시는 분이 아니라, 온 세계 모든 만민과 심지어 가축들까지도 아끼고 사랑하시는 분임을 깨닫습니다.

▶ <이사야> 이야기

<이사야>는 남유다의 아하스 왕과 히스기야 왕 시대에 이사야 선지자를 통해 선포된 하나님의 징계와 회복의 예언을 기록한 책입니다. 앗수르 제국이 세력을 확장해가던 때에 남유다의 아하스 왕과 그의 아들 히스기야는 외교정책만으로 나라의 위기를 극복해보려고 했습니다. 그 시대에 이사야 선지자는 세계를 경영하시는 분이 하나님임을 끊임없이 전했습니다. 결국 히스기야 왕은 이사야 선지자의 예언에 귀를 기울이고 성전으로 가서 하나님 앞에 무릎을 꿇고 기도했고, 남유다는 위기 가운데 구원을 받습니다. 특히 <이사야>에는 이후에 오실 메시아 예수

님에 관한 예언이 많이 담겨 있습니다.

▶ <미가> 이야기

<미가>는 미가 선지자가 북이스라엘의 수도 사마리아와 남유다의 수도 예루살렘에서 행해지는 죄악들을 지적하고 심판을 선포하는 예언을 기록한 책입니다. 이사야 선지자와 동시대에 활동했던 미가 선지자는 북이스라엘과 남유다의 사회 정의를 외쳤습니다. 사마리아와 예루살렘이 백성으로부터 세금을 거두어 사회 지도층의 편의와 안락을 위해서 사용하고, 가난한 자들을 외면할 뿐 아니라 억압하고 압제하는 잘못을 저지르고 있다는 것입니다. 또한 미가 선지자는 메시아가 큰 도시가 아닌 작은 시골 마을 베들레헴에서 나실 것을 예언했습니다.

▶ <스바냐> 이야기

<스바냐>는 스바냐 선지자가 남유다를 향해 '여호와의 날'에 대해 경고하고 회개를 촉구하는 예언을 담은 책입니다. 스바냐 선지자는 '여호와의 날'은 남유다 사람들이 구원받는 날이 아니라, 죄에 대해 심판받는 날이 될 것이며, 심판받지 않기 위해서는 오직 하나님 앞에 나아와 회개하라고 말했습니다. 스바냐 선지자는 하박국과 나훔 선지자와 동시대에 활동했습니다. 이때 하나님께서 많은 선지자를 보내셨던 것은 그 시대의 죄악이 극심했기 때문입니다.

▶ <하박국> 이야기

<하박국>은 시대의 불합리한 현실에 대해 하박국 선지자가 가졌던 깊은 고민과 이에 대한 하나님의 응답을 기록한 책입니다. 하박국 선지자는 불의에 침묵하시는 하나님께 질문했습니다. 그러자 하나님께서는 하박국 선지자에게 예루살렘의 불의는 바벨론을 통해, 그리고 바벨론의 불의는 "의인은 믿음으로 말미암아 살리라."라는 말씀을 통해 악인의 형통과 의인의 고통은 정한 기한이 되면 그칠 것이라고 대답해주셨습니다. 하박국 선지자는 하나님의 말씀을 통해 하나님의 깊은 경륜을 깨닫고 마침내 큰 기쁨을 노래했습니다.

▶ <나훔> 이야기

<나훔>은 나훔 선지자가 앗수르 제국이 바벨론 제국에 멸망하기 전에 앗수르의 니느웨에 임박한 하나님의 심판을 예언한 책입니다. 니느웨는 나훔 선지자 이전 150여 년 전에 회개를 촉구하는 요나 선지자의 외침을 듣고 이에 순종하여 구원을 받았던 적이 있습니다. 그런데 150여 년 만에 결국 나훔 선지자를 통해 니느웨가 완전히 멸망할 것이라는 최후통첩을 듣게 된 것입니다. <나훔>에는 악인을 심판하시는 하나님의 공의와 고통당하는 하나님의 백성을 향한 하나님의 사랑이 함께 담겨 있습니다.

▶ <요엘> 이야기

<요엘>은 요엘 선지자를 통해 남유다에 임할 하나님의 심판을 기록한

책입니다. 요엘 선지자는 남유다에 임박한 환난을 선포하며 회개를 요구하시는 하나님의 말씀과 구원 역사를 선포했습니다. 하나님께서는 이스라엘 백성이 회개할 때에 옷을 찢지 말고 마음을 찢으라고 말씀하셨습니다. 형식적인 회개가 아닌 진정한 회개를 원하신 것입니다. 그리고 하나님께서는 요엘 선지자를 통해 대략 650여 년 후에 예수님께서 부활, 승천하신 후에 보내주실 성령님에 대한 놀라운 약속의 말씀까지 주셨습니다.

▶ <예레미야> 이야기

<예레미야>는 남유다의 요시야 왕 시대부터 예루살렘이 멸망한 이후까지 예레미야 선지자에게 임한 하나님의 뜻을 기록한 책입니다. 약 20세의 젊은 나이에 선지자로 부름을 받은 예레미야는 남유다의 멸망을 예언해야 하는 고통을 감내해야 했습니다. 남유다 왕과 신하들, 심지어 백성까지도 그들의 잘못과 죄악에도 불구하고 하나님께서 남유다를 바벨론의 손에서 구원해주시기를 기대했고, 예레미야 선지자가 그렇게 말해주기를 원했습니다. 예레미야 선지자는 바벨론에게 항복하고 70년간 포로로 다녀오는 것이 하나님의 뜻임을 분명히 전하면서 많은 고초를 당해야만 했습니다.

▶ <예레미야애가> 이야기

<예레미야애가>는 폐허가 된 예루살렘을 바라보며 하나님의 마음으로 눈물을 흘리는 예레미야의 고백이 담겨 있는 책입니다. 예레미야 선지

자는 극한 절망 가운데 밤새워 울다가 새벽에 오히려 하나님께 감사의 노래를 불렀습니다. 남유다가 그들의 죄악으로 말미암아 진멸되어야 했음에도 불구하고 하나님께서 그들을 1,2,3차에 걸쳐 바벨론에 포로로 보내셔서 살아남게 하셨음을 감사한 것입니다. 예레미야 선지자가 그들에게 소망이 있음을 깨달았던 것입니다.

▶ <오바댜> 이야기

<오바댜>는 오바댜 선지자를 통해 에서의 후손들인 에돔족에 대한 하나님의 심판과 이스라엘의 회복을 기록한 책입니다. <오바댜>는 구약 성경 가운데 가장 짧은 분량이지만, 하나님의 뜻이 분명하게 기록되어 있는 책입니다. 남유다가 그들의 잘못으로 인해 바벨론에게 멸망하고 포로로 끌려갔다 오는 것은 하나님의 뜻이지만, 형제인 에돔족이 남유다를 배신하고 바벨론을 도운 것은 결코 용서할 수 없는 죄라는 것입니다. 때문에 에돔족은 심판을 면할 수 없다는 것이 오바댜 선지자를 통한 하나님의 메시지였습니다.

▶ <역대상 · 하> 이야기

<역대상 · 하>는 남유다가 바벨론에 멸망한 뒤 70년간 바벨론 포로를 경험한 후에 기록된 이스라엘의 역사책입니다. <역대상>에는 아담부터 바벨론 포로 귀환까지의 역사가 족보 형식으로 기록되어 있고, 귀환한 남유다가 다시 제사장 나라로의 회복을 꿈꾸는 모습이 담겨 있습니다. <역대하>에는 솔로몬 시대부터 바벨론 포로로 끌려갔던 남유다 백성이

예루살렘으로 다시 돌아올 때까지의 내용이 기록되어 있습니다. 때문에 〈역대상·하〉에는 〈열왕기상·하〉와는 달리 북이스라엘을 제외하고 오직 남유다의 역사만이 기록되어 있다는 것이 특징입니다.

Tong point

'왕정 500년'의 질문과 답

왜! 나단, 엘리야, 이사야, 예레미야는 왕과 대립했는가?

– 왜냐하면, 왕의 통치가 제사장 나라의 기준에 못 미치기 때문에

다섯 번째 만남

3트랙 - 페르시아 7권

'페르시아 7권'이란?

⟨다니엘⟩, ⟨에스라⟩, ⟨학개⟩, ⟨스가랴⟩, ⟨에스더⟩, ⟨느헤미야⟩, ⟨말라기⟩는 구약성경 가운데 페르시아 제국과 깊은 관련이 있는 7권의 책입니다. 남유다 백성이 1,2,3차에 걸쳐 바벨론에 포로로 끌려가 그곳에서 70년을 살았습니다. 그러던 중 바벨론 제국이 멸망하고, 페르시아가 새로운 제국의 주인으로 역사에 등장했습니다. 페르시아 제국의 도움 속에 진행된 1,2,3차 예루살렘 귀환 기록, 제국 변동의 밑그림을 그린 다니엘, 성전 재건을 독려한 선지자 학개와 스가랴, 페르시아에서 발생한 유대인의 위기를 극복한 에스더, 2차와 3차 귀환의 지도자 에스라와 느헤미야, 유대인들의 형식주의를 비판한 선지자 말라기의 기록이 '페르시아 7권'에 들어 있습니다.

1. '페르시아 7권' 이야기 (1)
: 제국을 도구로 사용하며 경영된 제사장 나라

"분위기 참 좋습니다." 분위기, 중요한 것입니다. '분위기'는 사실 눈에 보이지는 않는데 존재하는 그런 것입니다. 계절을 통해 '분위기'라는 단어가 어떤 의미인지 가볍게 생각해보겠습니다. 우리는 여름의 분위기와 겨울의 분위기가 많이 다름을 느낍니다. 보이지 않는 공기가 전체 분위기를 좌우한다고 볼 수 있습니다. 집에서 외출할 때 바깥공기에 맞는 옷을 입어야 활동도 자유롭고 또 성과도 낼 수 있지 않겠습니까. 그래서 우리는 계절 분위기에 맞게 여름에는 가벼운 옷을, 겨울에는 두꺼운 옷을 입고 삽니다.

마찬가지로 하나님께서 기쁨으로 주신 선물인 성경을 우리가 소유할 때에도 분위기를 파악하는 것이 중요합니다. 그래서 성경에 등장하는 일곱 개의 각기 다른 분위기를 아는 것이 중요합니다.

'빨주노초파남보' 일곱 개 색깔이 어울리면서 아름다움을 만들어내듯이 성경에 나타나는 보이지 않는 일곱 개의 분위기를 알게 되면 하나님의 통通드라마, 통通성경을 잘 이해할 수 있습니다.

그래서 성경의 일곱 개 분위기를 잘 정리하면, 우리는 하나님의 선물인 성경을 보다 쉽게 가질 수 있습니다. 성경에 등장하는 하나님의 사람들이 하나님의 도움으로 기적의 삶을 살았듯이 성경을 가진 우리도 그들처럼 하나님의 기적을 꿈꾸며 살 수 있다는 소망을 품고 공부하기를 바랍니다.

지금 우리는 구약성경의 세 개의 색다른 분위기, 신약성경의 세 개의 색다른 분위기, 그리고 신구약 중간기의 색다른 분위기. 그렇게 일곱 개의 분위기를 트랙 제목으로 삼아 공부하고 있습니다.

제국과 제사장 나라

본격적으로 '페르시아 7권'을 살펴보기 전에 제국과 제사장 나라에 대해 잠깐 살펴보겠습니다. 제국과 제사장 나라에는 어떤 공통점이 있는지, 어떤 차이점이 있는지 생각해봅시다. 제국과 제사장 나라의 공통점은 '모든 민족'을 대상으로 하고 있다는 것입니다. 그런데 제국은 한 민족이 힘을 키워서 다른 민족을 지배하는 형식이고, 제사장 나라는 한 민족이 다른 민족과 손잡고 하나님께 함께 나아가자는 면에서 뚜렷한 차이가 있습니다.

'모세5경'에서는 제국과 제사장 나라 컨셉을 뚜렷하게 볼 수 있습니다. 그리고 '왕정 500년'에서는 제사장 나라의 기준을 놓고 선지자들이 왕과 백성들에게 충고를 아끼지 않는 분위기였습니다.

'왕정 500년'에는 앗수르와 바벨론 제국이 등장했습니다. '페르시아 7권'에는 바벨론 제국을 멸망시킨 페르시아 제국(바사)이 등장합니다. 페르시아는 '황금의 제국'이라는 별명으로 우리에게 알려져 있습니다. 하지만 앗수르가 520년 동안 상(上)아시아의 주인 노릇을 할 때, 페르시아는 변변한 시장조차 가지지 못했던 가난한 나라였습니다. 그 대단했던 앗수르를 바벨론이 무너뜨리고 앗수르의 모든 부를 바벨론이 소유했습니다. 이후 페르시아가 그 바벨론을 무너뜨리고 모든 것을 소유했고 정책을 잘 펴서 더 큰 제국을 이룹니다. 그렇게 등장한 페르시아 제국과 관련된 성경이 지금 우리가 공부하고 있는 '페르시아 7권' 곧 〈다니엘, 에스라, 학개, 스가랴, 에스더, 느헤미야, 말라기〉입니다.

그렇다면, '페르시아 7권'의 분위기는 어떨까요? '페르시아 7권'은 왕정이 소멸되고 바벨론 포로로 끌려가 있는 상황에서 또 다른 분위기로 시작됩니다. 예레미야는 너무나 아픈 슬픔을 가지고 눈물로 미래 이야기를 시작했습니다. 그렇게 시작한 슬픔이 점차 기쁨으로 바뀌는 분위기가 '페르시아 7권'의 분위기입니다.

2. '페르시아 7권' 이야기 (2)
: 왜! 스룹바벨, 에스더, 에스라, 느헤미야는 동족들에게 존경받았는가?

페르시아 하면 지금의 이란입니다. 이란에 가면 '서울로'가 있고, 서울에는 '테헤란로'가 있습니다. 우리와 굉장히 가까운 나라라고 느껴지시지요? 2,600년 전 먼 역사 이야기가 이와 같은 접촉점을 통해 우리에게 쉽게 다가옵니다. 이다음에 이란에 가서 '서울로'를 한번 가보면 좋겠습니다. 이만큼 가까운 이야기라는 전제하에 그때 분위기가 어땠는지 한번 살펴보겠습니다.

'페르시아 7권'의 분위기를 알 수 있는 질문을 하겠습니다. 왜? 스룹바벨, 에스더, 에스라, 느헤미야는 페르시아 제국의 고위 공직자가 되었음에도 동시대 유대인들에게 존경받았을까요?

이 질문은 우리나라 조선 왕조 500년이 마감되는 시점이었던 1905년에서 1910년의 분위기를 살펴보면 이해가 쉽습니다. 당시 중국의 힘이 약해지자 그 힘을 영국이 차지하면서 중국의 영토였던 홍콩을 영국의 식민지로 삼았습니다. 그러면서 프랑스, 미국이 등장합니다. 또한 일본이 명치유신(明治維新) 과정을 거치면서 서구의 나라와 가까이 지내다가 그 힘을 가지고 득세합니다. 이때 일본이 조선의 주권을 빼앗습니다. 우리는 1905년 일본에 나라의 주권을 넘긴 을사늑약(乙巳勒約) 체결에 앞장선 매국노 다섯 명을 '을사오적(乙巳五賊)'이라고 부릅니다. 그 가운데 한 사람이 '이완용'입니다.

이완용이 국가를 파는 데 앞장서서 서명했다는 이유로 을사늑약이 체결된 지 100년이 훨씬 지났음에도 불구하고 지금도 우리는 그 이름을 싫어합니다.

그런데 페르시아 제국에서는 페르시아 제국의 고위 공직자가 된 사람들을 동시대 유대인들이 미워하기는커녕 존경했습니다. 스룹바벨은 페르시아 총독이 되었고, 에스더는 페르시아 왕의 왕비가 되었습니다. 그런가 하면 에스라는 페르시아 왕과 가장 가까운 자문 학사였습니다. 또한 느헤미야는 페르시아 왕이 안 보면 보고 싶은 관리요, 기대를 한 몸에 받고 총독까지 되는 사람이었습니다. 즉 스룹바벨, 에스더, 에스라, 느헤미야는 페르시아 제국에서 출세했던 대표적인 사람들인데, 왜 동시대 유대인들은 이들을 존경했을까요?

자, 이렇게 답해볼 수 있습니다. '페르시아의 고위 공직자가 된 그들이 페르시아 왕에게 충성한 것처럼 보이지만, 사실은 유대인의 독립을 위해서 위장하고 있는 것이다.' 정말 그럴까요? 아닙니다. 페르시아 왕이나 관리들이 그런 위장술에 속아 넘어갈 사람들이 아닙니다. 다른 이유가 있습니다.

남유다 백성이 바벨론 포로로 끌려가서 불린 이름 '유대인'

페르시아 시대의 유대인들이 가장 중요한 것이 무엇인지 잘 알고 있었다는 이야기입니다. 그 당시 페르시아 시대에 살았던 유대인들은 바벨론 제국 때 남유다에서 포로로 끌려온 사람들의 후손들입니다. 여기에서 잠깐, 그들의 이름이 유대인이 된 과정을 살펴보겠습니다.

처음에 그들은 아브라함의 후손이었습니다. 그러다 이들이 애굽에서 노예 생활을 할 때 히브리인이라 불렸습니다. 그래서 히브리 민족이라는 말이 나왔습니다. 그들이 출애굽하고 난 다음에는 이스라엘이라는 국가를 이루어 이스라엘 민족으로 살았습니다. 그러다 이스라엘이 남북으로 분단되면서 북이스라엘과 남유다로 나뉩니다.

북이스라엘은 앗수르 제국에 멸망하여 사마리아인이 되었고, 남유다는 그로부터 150여 년을 더 유지하다가 바벨론 제국에 멸망하여 백성들이 바벨론으로 끌려가 70년을 보냈습니다. 70년의 포로 생활 동안 바벨론 사람들은 남유다에서 끌어온 그들을 유대인이라고 부르기 시작했습니다. 그렇게 유대인이라는 이름이 등장했습니다.

바벨론 포로 70년

예루살렘에서 바벨론으로 다니엘과 사드락, 메삭, 아벳느고를 시작으로 에스겔과 만여 명의 사람들이 끌려갔습니다. 바벨론이 이들을 끌어간 이유는 이들을 돕기 위해서가 아니라 바벨론의 유익을 만들어내기 위해서였습니다. 그러니 당연히 바벨론으로 끌려온 우수한 사람들은 자신들을 끌어온 바벨론을 돕고 싶은 마음이 없었습니다.

그런데 예레미야가 포로로 끌려가 있는 자들에게 그 힘들고 어려운 포로 기간을 징계와 교육의 기회로 삼고 그곳에서 열심히 뿌리를 내리며 살 것을 호소했습니다. 또한 그 기간 동안 예루살렘은 안식하게 되며, 바벨론 제국은 70년 동안 유지될 것이라고 말했습니다. 포로로 끌려온 사람들은 예레미야를 통해 말씀하신 하나님의 뜻을 처음에는 이해할 수도 없었고, 받아들이기도 싫었습니다.

그런데 놀랍게도 바벨론 제국 70년 동안 예레미야의 설득과 편지, 에스겔 선지자의 노력 등을 통해 그들이 이 어려운 개념을 하나하나 이해하기 시작했습니다. 그들은 다른 민족에게 지배당하며 사회 정치적으로 어렵고 힘든 삶을 살고 있던 사람들입니다. 다행히 그들은 하나님의 은혜로 그 힘든 징계의 시간 동안 지난날을 깊이 반성하면서 핵심을 찾았습니다. 바로 제사장 나라의 컨셉을 다시 찾은 것입니다.

다윗 시대만큼 큰 나라를 만드는 것도 중요하고, 솔로몬 시대만큼 지혜가 많은 나라를 만드는 것도 중요합니다. 하지만, 진정으로 중요한 것은 다윗과 솔로몬 초반기에 힘쓰고 애썼던 길, 즉 제사장 나라를 통해서 모든 민족과 함께 하나님께 나아가는 꿈을 꾸었던 기억들을 다시 찾는 것입니다. 그들은 비록 나라를 빨리 되찾지 못하더라도 그보다 더 우선해야 할 중요한 일이 '제사장 나라'라는 생각들을 하게 되었습니다.

제국 이야기

성경에는 제사장 나라와 함께 많은 제국이 등장합니다. 북이스라엘을 정복한 앗수르 제국은 바벨론 제국에 멸망하고, 바벨론 제국은 세계의 주인이 된 지 70년 만에 페르시아 제국에 멸망합니다. 제국이 바뀐다는 것은 단지 지배자만 바뀌는 게 아니라 지배 방식도 바뀐다는 것입니다. 제국의 정책이 변경된다는 뜻입니다.

그러므로 제국을 이해하기 위해서는 제국의 지배 정책을 이해해야 합니다. 그래야 앗수르가 북이스라엘 사람들을 사마리아인으로 만든 이유를 알 수 있습니다. 무슨 이야기입니까? 앗수르는 북이스라엘의 수도인 사마리아에 사는 똑똑한 사람들 약 22,000명을 다른 점령 지역으로 강제 이주시키고 다른 나라의 똑똑한 사람들을 사마리아에 강제 이

주시켰습니다.

그랬더니 점령 지역들의 정치적 결속은 어려워지고 경제적 성과는 계속 지속될 수 있었습니다. 이를 이용해 앗수르는 세금을 많이 걷어갈 수 있었습니다. 점차적으로 시간이 지나면서 민족이 서로 섞인 탓에 북이스라엘 백성은 혼혈족이 되어버렸습니다. 이것이 앗수르의 인구혼합 정책입니다.

앗수르를 멸망시킨 바벨론은 지배 방식을 바꿔 오히려 예루살렘에서 유능한 사람들을 바벨론으로 끌어다가 바벨론이 부강할 수 있도록 집중시켰습니다. 물론 그들 민족이 따로 살 수 있도록 공동의 구역은 확보해주었기 때문에 민족의 혈통은 보존될 수 있었습니다.

끌려온 남유다 백성은 바벨론 포로 70년 기간 동안에 열심히 깨닫고 반성했고, 그들은 그곳에서 유대인으로 불리게 되었습니다. 그 사이에 바벨론 제국이 페르시아 제국으로 바뀌면서 제국의 정책 또한 바뀌었습니다.

페르시아 제국은 바벨론이 끌어온 포로들을 다시 고향으로 돌려보내 황폐해진 그곳을 바로 세워 페르시아 제국에 도움이 되게 했습니다. 이를 페르시아 제국의 '지방화 정책'이라 말할 수 있습니다. 그 덕분에 포로 귀환이 이루어졌습니다. 일찍이 예레미야 선지자를 통해 알려주신

대로 페르시아를 도구로 사용하신 하나님의 세계 경영에 의해 포로 귀환이 펼쳐진 것입니다.

유대인들은 그동안 바벨론 포로 70년을 보내면서 진정으로 하나님께서 세계를 경영하신다는 사실을 정확하게 보게 되었습니다. 그들은 하나님께서 이미 모세와 사무엘을 통해 왕정의 폐단을 비판하셨던 내용과 지난 500년 왕정 기간 동안의 내용이 별반 다르지 않았다는 것을 역사적으로 깊이 깨달았습니다. 그래서 그들에게는 왕을 중심으로 왕정을 튼튼하게 세우는 것은 두 번째 문제였습니다. 왕을 중심으로 국가를 다시 세워 페르시아로부터 독립하는 것보다 더 중요한 것은 제사장 나라의 회복이었습니다. 제사장 나라의 컨셉을 더 깊게 이해하고 바로 세우려는 소망을 페르시아 시대를 살던 사람들이 가졌던 것입니다.

그랬기에 스룹바벨, 에스더, 에스라, 느헤미야 같은 페르시아 제국의 고위 공직자가 된 사람들은 물론, 그 시대를 평범하게 살았던 모든 유대인이 적어도 그 부분에 대해서 동의했던 것입니다.

그리고 중요한 또 하나는 그들이 하나님께서 제사장 나라를 세우시고, 필요하시면 제국을 도구로 사용하신다는 사실을 깨닫게 되었다는 것입니다. 그들은 하나님께서 앗수르 제국을 몽둥이로 사용하셨고, 뒤를 이어서 바벨론을, 그리고 뒤를 이어서 페르시아를 사용하셨다는 사실까지 깨닫게 되었습니다. 정말 대단한 사람들입니다.

그들은 지난 시간을 깊게 반성하면서, 제사장 나라 백성으로서 하나님께 충성하는 것이 자신들의 민족적 사명임을 깨달았습니다. 그러므로 그들에게는 누가 왕이 되고, 누가 고위 공직자가 되고, 이런 것은 그리 중요하지 않았습니다. 그 놀라운 시기가 '페르시아 7권' 시대였습니다.

3. '페르시아 7권'의 분위기
: 다시 제사장 나라를 실현해가는 분위기

다시 한번 '페르시아 7권'을 정리해 살펴보겠습니다. '페르시아 7권'은 '페르시아 제국의 도움 속에서 다시 제사장 나라를 실현'해가는 분위기입니다.

앞서 설명한 대로 남유다 백성 가운데 많은 이가 이미 1,2차에 걸쳐 바벨론 제국의 포로로 끌려갔습니다. 그리고 바벨론은 예루살렘성을 포위하고 항복을 요구했습니다. 그러나 남유다는 끝내 항복하지 않고 18개월을 버텼습니다. 그러다가 마침내 바벨론 군인들에 의해 예루살렘성이 함락되고 무자비한 약탈을 당했습니다. 겨우 살아남은 소수의 사람들마저 바벨론의 3차 포로로 끌려갔습니다.

그 광경을 보고 예레미야가 그렇게 울고 또 울었던 것입니다. 그러나 이것은 예레미야 선지자가 이미 말했듯이, 모두 남유다의 왕과 백성의 잘못 때문이었습니다. 그들이 지키지 않은 안식일과 안식년과 희년의 날수가 무려 70년에 이르렀기 때문입니다. 그래서 하나님께서는 70년 간 예루살렘 땅을 안식하게 하시고, 남유다 백성을 다시 '제사장 나라 거룩한 백성'으로 훈련시키기 위해 바벨론에서 포로 생활을 하게 하셨던 것입니다. 남유다의 멸망은 영원한 절망이 아닌 잠깐의 징계로 '다시 시작하는 제사장 나라'를 위한 기회였습니다.

예레미야의 예언대로 바벨론은 70년 만에 제국의 문을 닫고, 페르시아가 새로운 제국으로 등장합니다. 페르시아는 바벨론에 포로로 끌려온 여러 나라 사람들을 모두 귀환시켜 각자 자기 나라에서 경제를 활성화시키고 페르시아에 세금을 바치게 하는 정책을 펼쳤습니다. 그랬기에 남유다 백성이 다시 1,2,3차에 걸쳐 페르시아로부터 예루살렘으로 귀환한 것입니다.

귀환한 그들은 가장 중요한 것이 '제사장 나라'임을 깨닫고 이를 실천하고자 온 힘을 다했습니다. 그래서 '페르시아 7권'의 분위기는 귀환한 남유다 백성이 성전을 재건해 제사장 나라의 안식일, 안식년, 희년 그리고 3대 명절(유월절, 칠칠절, 초막절)을 다시 지키려는 분위기입니다. 이렇게 '다시 시작하는 제사장 나라'를 생각하면서 '페르시아 7권'을 보아야 합니다.

4. '페르시아 7권'에서 '중간사 400년'으로 넘어가는 반전 분위기

얼마 후 반전 분위기가 등장합니다. '페르시아 7권'에서 '중간사 400년'으로 넘어가는 분위기는 '쓸쓸함'입니다.

하나님께서는 출애굽한 이스라엘 백성을 광야 40년을 통해 교육시키고 훈련시키셨듯이, 남유다 백성을 바벨론 포로 70년을 통해 다시 교육시키고 훈련시키셨습니다. 그렇게 하심으로 왕정 대신 다시 시작하는 제사장 나라를 기대하셨습니다. 페르시아에서 돌아온 귀환 공동체 그들에게는 '왕정 500년' 이전 상태처럼 왕이 없었습니다. 다만 페르시아 제국은 귀환 공동체가 산헤드린 공회라는 71인회 대표 조직을 만들어 자치활동을 하게 허락해주었습니다.

귀환 공동체는 처음에는 성전도 재건하고 성벽도 복원하면서 활기차게 제사장 나라 재건에 매진했습니다. 그런데 시간이 지나면서 사람들이 차츰 냉소적으로 변해가기 시작했습니다. 페르시아 총독에게는 좋은 것으로 세금을 바치면서, 하나님께 드리는 제사의 제물은 병든 것과 저는 것을 거리낌 없이 가져왔습니다. 더 이상 우상을 섬기지는 않았지만, 신앙의 열정은 식어버린 것입니다.

그러다가 말라기 선지자를 통해서 하나님과 귀환 공동체 간에 대화가 시작되었습니다. 내용인즉슨, 하나님께서 "내가 너희를 지난 1,500년 동안 사랑하였노라."라고 긴 역사를 통해 그들을 사랑하신 이야기를 건네자 놀랍게도 그들이 "주께서 어떻게 우리를 사랑하셨나이까?"라고 대답했습니다. 이는 약간 반문하는 형식이었습니다. 하나님께서 "내가 너를 사랑해왔다."라고 하시면 "맞습니다. 충분히 기억하고 있습니다." 이렇게 답변을 해야 되는데, "어… 별로 기억이 없는 것 같은데요."라고 대답한 것입니다.

> "여호와께서 이르시되 내가 너희를 사랑하였노라 하나 너희는 이르기를
> 주께서 어떻게 우리를 사랑하셨나이까 하는도다"(말 1:2)

이런 아쉬움이 구약성경의 마지막 분위기입니다. 그러나 다행히 여기서 끝나지 않습니다. 하나님께서 말라기 선지자를 통해서 선지자 엘리야를 다시 보내겠다고 말씀하십니다. 엘리야는 이미 왕정 시대에 활동했던 선지자입니다. 그럼 누구입니까? 똑같은 엘리야를 다시 보내시겠다는 뜻이 아니라, 엘리야의 사명을 감당하는 다른 선지자를 보내시겠다는 말씀입니다. 이 말씀을 끝으로 구약성경이 끝이 납니다.

그로부터 하나님께서 침묵하십니다. 더 깊은 사랑의 실체를 보여주시기 위한 하나님의 침묵이었습니다. 400여 년의 시간이 지난 후 세례 요한이 등장합니다. 우리 예수님께서 세례 요한을 〈말라기〉에서 말했던 바로 그 엘리야라고 말씀하십니다.

> "모든 선지자와 율법이 예언한 것은 요한까지니 만일 너희가 즐겨 받을
> 진대 오리라 한 엘리야가 곧 이 사람이니라"(마 11:13~14)

세례 요한이 등장하기까지 침묵의 400년을 '중간사 400년'이라고 합니다. 400년 후에 사랑 많으신 하나님께서 더 큰 사랑으로 "하나님이 세상을 이처럼 사랑하사 독생자를 주셨으니"(요 3:16)라고 말씀하시기 시작합니다. 그래서 저는 신구약 중간사를 '어떻게와 이렇게 사이'라고 말합니다.

'페르시아 7권'에서 '중간사 400년'으로 넘어가는 분위기는 쓸쓸하고, 하나님께 무척 죄송한 분위기입니다.

5. '페르시아 7권'에 속한 성경 이야기

'페르시아 7권'은 페르시아 시대에 쓰인 책, 〈다니엘〉, 〈에스라〉, 〈학개〉, 〈스가랴〉, 〈에스더〉, 〈느헤미야〉, 〈말라기〉입니다. 이때 바벨론으로 끌려가 사역했던 에스겔 선지자의 이야기인 〈에스겔〉을 먼저 읽습니다.

▶ 〈에스겔〉 이야기

〈에스겔〉은 하나님께서 에스겔 선지자를 통해 바벨론에 포로로 끌려온 남유다 백성에게 주신 심판과 회복의 말씀을 기록한 책입니다. 에스겔은 제사장으로, 2차 포로로 바벨론에 끌려왔습니다. 에스겔은 바벨론 포로로 끌려온 사람들에게 하나님의 뜻을 전하며 70년간의 포로 기간이 징계의 시간이자 다시 교육하시는 하나님의 사랑임을 알려주며 그들을 격려하는 일을 감당했습니다. 〈에스겔〉은 많은 환상과 잠언, 은유 등의 방법으로 기록되어 쉽게 이해하기 어려운 책이지만, 예루살렘을 다시 회복시키시려는 하나님의 마음을 충분히 느낄 수 있는 예언서입니다.

▶ <다니엘> 이야기

<다니엘>은 남유다의 여호야김 왕이 통치하던 때에 바벨론 1차 포로로 끌려갔던 다니엘 선지자의 행적과 예언의 말씀을 기록한 책입니다. 제국 변천의 중심에서 하나님의 율법에 따라 신실한 믿음을 지켰던 다니엘의 행적을 통해 모든 제국을 통치하시는 하나님의 역사를 깨닫게 됩니다. 다니엘은 바벨론 제국에 의해 포로로 끌려가서 바벨론 제국과 페르시아 제국에서 가장 높은 관직에 오른 최고의 행정가였습니다. 그리고 다니엘은 다른 선지자와는 달리 놀랍게도 평신도 출신으로 선지자의 사명을 감당한 사람이었습니다.

▶ <에스라> 이야기

<에스라>는 학사 겸 제사장인 에스라가 페르시아에서의 안정된 지위를 버리고 남은 삶 동안 하나님의 율법을 연구하고, 준행하며, 가르치는 일을 하기로 결심하고 예루살렘으로 귀환한 이야기를 기록한 책입니다. 에스라는 2차 귀환의 지도자였습니다. <에스라>에는 에스라보다 앞서 귀환한 1차 귀환의 지도자인 스룹바벨과 여호수아의 행적도 기록되어 있습니다. <에스라>에는 다시 제사장 나라를 이루기 위해 귀환한 백성에게 맡겨진 사명인 성전 재건에 관한 내용이 자세히 기록되어 있습니다.

▶ <학개> 이야기

<학개>는 귀환 공동체가 페르시아에서 예루살렘으로 귀환한 지 약 18

년 정도 지난 시점에 학개 선지자를 통해 선포된 하나님의 말씀을 기록한 책입니다. 귀환 공동체는 예루살렘 성전을 재건하려는 열정이 마음에 가득했었습니다. 그런데 건축을 시작한 지 얼마 되지 않아 방해 세력과 여러 현실적인 어려움으로 건축을 중단하고 맙니다. 그리고 16년의 세월이 흘렀습니다. 이때 학개 선지자가 일어나 성전 건축을 다시 시작할 수 있도록 백성을 설득하고 권면하기 시작했습니다.

▶ <스가랴> 이야기

<스가랴>는 학개 선지자와 동시대에 활동한 스가랴 선지자의 성전 재건 독려, 그리고 예루살렘의 회복과 구원을 선포한 책입니다. 스가랴 선지자는 현재의 예루살렘은 황폐해 있고 아무 희망이 없어 보이지만, 하나님께서 예루살렘을 새롭게 회복하실 것이라는 사실을 선포하며 귀환 공동체를 격려했습니다. 학개, 스가랴 선지자들을 통해 하나님의 말씀을 들은 귀환 공동체는 힘을 내서 다시 성전 재건에 돌입하게 되었고, 두 달 후 성전의 기초를 완성했습니다.

▶ <에스더> 이야기

<에스더>는 페르시아에서 예루살렘으로의 1차 귀환과 2차 귀환 사이에 페르시아에 남아 있던 유대 민족에게 일어났던 일을 기록한 책입니다. 바벨론 포로로 끌려갔던 남유다 백성은 예레미야의 편지와 에스겔을 통한 하나님의 말씀을 듣고 바벨론에서 월등하게 살아남았습니다. 그리고 페르시아 제국으로 바뀐 상태에서 1차 귀환이 이루어진 이후

유대 민족들이 페르시아에서 민족적 위기에 직면합니다. 이때 페르시아 아하수에로 왕의 왕후가 된 에스더가 페르시아의 법을 뛰어넘어 "죽으면 죽으리라." 하는 각오로 왕에게 나아가 민족을 위기에서 구하고, 이를 통해 '부림절' 절기가 생겨납니다.

▶ <느헤미야> 이야기

〈느헤미야〉는 예레미야가 예루살렘성에서 밤새워 울었던 시기로부터 약 150년 후의 사람 느헤미야의 행적을 기록한 책입니다. 느헤미야가 어느 날 예루살렘으로의 1차 귀환이 이루어진 지 90여 년이 지났음에도 무너진 예루살렘 성벽이 아직도 복원되지 못했다는 소식을 듣게 되었습니다. 그 소식을 접한 느헤미야가 이 문제를 해결하기 위해 페르시아의 고위직에 오르고, 페르시아 왕의 도움을 받아 마침내 유대 지역의 총독으로 부임하여 52일 만에 놀랍게도 예루살렘 성벽을 재건해냅니다. 성벽 재건 후 느헤미야와 제사장 에스라는 귀환 공동체와 함께 초막절을 지키며 신앙 개혁을 이루어냅니다.

▶ <말라기> 이야기

〈말라기〉는 하나님께서 구약 시대의 마지막 선지자인 말라기를 통해 귀환 공동체의 만연한 죄악들을 지적하며 주신 말씀을 기록한 책입니다. 〈말라기〉는 매우 안타깝고 쓸쓸한 분위기를 가진 구약성경의 마지막 책입니다. 귀환 공동체는 예루살렘을 재건한 후 더 이상 우상을 섬기지는 않았지만, 냉소적 신앙을 가지게 되었습니다. 자신들은 하나님의 사랑을 받은 기억이 없다고 말할 정도입니다. 그로 인해 이후 신약 시대까지 400년간 하나님의 침묵이 이어집니다. 〈말라기〉에서 〈마태복음〉까지의 이 시기가 '중간사 400년'입니다

Tong point

'페르시아 7권'의 질문과 답

왜! 스룹바벨, 에스더, 에스라, 느헤미야는 동족들에게 존경받았는가?

– 왜냐하면, 유대인들이 제사장 나라가 제국을 능가할 수 있다는 것을 알았기 때문에

여섯 번째 만남

4트랙 - 중간사 400년

'중간사 400년'이란?

'중간사 400년'은 구약과 신약 사이, 즉 〈말라기〉와 〈마태복음〉 사이의 400년의 역사를 말합니다. 이 시기는 하나님께서 어떤 선지자도 보내시지 않았기 때문에 하나님의 말씀이 없었던 기간입니다. 그러나 이 시기에 사랑의 하나님께서는 독생자 예수 그리스도를 이 땅에 보내시기 위해 준비하고 계셨습니다.

1. '중간사 400년' 이야기 (1)
: 유대인들에 의해 형식화된 제사장 나라

구약과 신약 사이에 들어 있는 400년, 그 400년의 이야기를 신구약 중간기라고 표현합니다. 2000년의 시간 속에서 400년이면 꽤 긴 시간입니다. 성경은 이 긴 시간 동안에 대한 기록을 빈 페이지에 그냥 담아 놓았습니다. 〈말라기〉의 마지막 장에서 〈마태복음〉 1장으로 한 장 넘어가는 그 빈 페이지 안에, 400년 이상이 담겨 있는 것입니다.

거슬러 올라가 보면 성경의 처음 책인 〈창세기〉가 마감되고 〈출애굽기〉로 넘어갈 때에도 창세기 50장과 출애굽기 1장 사이에 400년의 시간이 들어 있습니다. 출애굽기 1장으로 넘어가는 그 400년의 빈 페이지 안에 들어 있는 메시지는 아브라함의 후손 가정이 400년 만에 민족이 되었다는 이야기입니다. 즉, 가족이 민족이 되었다는 메시지가 그 400년 안에 담겨 있었습니다.

그렇다면 구약성경의 마지막 책인 〈말라기〉에서 신약성경의 첫 책인

〈마태복음〉으로 넘어가는 그 400년 동안에는 어떤 이야기가 들어 있을까요? 그 400년 안에는 제국의 변동과 함께 유대 민족이 사두개파, 바리새파, 에세네파로 분열되는 역사적인 이야기가 담겨 있습니다.

페르시아에서 귀환하여 성전 재건을 이루며 다시 제사장 나라를 실현한 유대 민족은 더 이상 우상을 섬기지는 않았지만 시간이 지나면서 하나님을 사랑하는 마음 없이 형식적으로 제사를 지냈습니다. 〈말라기〉에서 이 모습을 보신 하나님께서 예수 그리스도를 이 땅에 보내시기까지 400년을 침묵하시는 동안 유대는 페르시아, 헬라, 로마 제국의 통치를 차례로 받습니다. 이렇게 먼저 크게 그림을 그려 놓으실 필요가 있겠습니다.

2. '중간사 400년' 이야기 (2)
: 왜! 유대인은 사두개파, 바리새파, 에세네파, 세리 창기파로 분파되었는가?

'중간사 400년'의 이야기를 본격적으로 하기 위해 질문을 한번 만들어 보겠습니다. 왜! 유대인은 사두개파, 바리새파, 에세네파, 세리 창기파로 분파되었을까요?

사실 합하기도 쉬운 일이 아니지만 분열하기도 쉽지가 않습니다. 신약 성경을 열면 유대인이라는 말과 함께 사두개파, 바리새파, 에세네파와 같은 분파 이야기들이 자연스럽게 등장합니다. 또한 세리라는 새로운 직업을 가진 사람들도 등장합니다. 그들이 우리 예수님과 여러 사건으로 만나는 이야기가 신약성경에 펼쳐집니다.

우리 주님이 누구십니까? "그러나 내가 너희에게 말하노니 솔로몬의 모든 영광으로도 입은 것이 이 꽃 하나만큼 훌륭하지 못하였느니라"(눅 12:27)라고 그 대단한 지혜의 대명사 솔로몬을 들의 백합화와 비교하여 평가를 내리시는 분이 우리 주님입니다.

사두개인, 바리새인들은 그러한 우리 주님과 논쟁점을 끝까지 만들어가는 충격적인 사람들입니다. 이 사람들이 어떻게 해서 그와 같은 특성을 지니게 되었을까요? 그 이야기와 관련된 답을 구약성경에서는 찾을 수 없습니다. 물론 신약성경에서도 그들에 대한 설명을 찾기 힘듭니다. 그들에 대한 이야기는 '중간사 400년'의 역사 안에 담겨 있습니다.

왜 유대인들이 사두개파, 바리새파, 에세네파, 세리 창기파로 분파되었는지는 '중간사 400년' 동안 어떤 역사의 변곡점들이 있었는가 하는 부분들과 묶어서 살펴보아야 합니다.

3. '중간사 400년'의 분위기
: 구약성경의 세계화와 유대 분파가 형성되는 분위기

'중간사 400년'은 쉽지 않습니다. 왜냐하면 이때의 이야기가 성경에는 감추어져 있기 때문입니다. 그런데 '중간사 400년'의 분위기를 알지 못하면 신약성경 전체를 이해하는 데 어려움을 겪게 됩니다.

때문에 '중간사 400년'의 분위기를 살펴보는 것이 중요합니다. 이 기간은 페르시아 제국에서 시작해서, 260여 년에 걸친 헬라 제국, 그리고 새로운 제국 로마가 등장하는 고대 역사의 폭풍이 불던 시기라 할 수 있습니다. 그러나 하나님께서는 이 시기를 예수 그리스도를 우리에게 보내시기 위한 준비 기간으로 삼고 계셨습니다.

'중간사 400년'을 알기 위해서는 먼저 페르시아, 헬라, 로마 제국을 공부해야 하고, 헬라 제국에 대한 유대 민족의 저항 사건인 마카비 혁명과 그 결과물인 하스몬 왕조, 그리고 이후 등장하는 헤롯 왕조까지의 역사 지식을 포괄적으로 습득해야 합니다. 때문에 이 부분에 대한 학습은 다소 전문성을 요합니다. 그러므로 '중간사 400년'을 좀 더 자세히 공부하기 위해서는 이 분야의 전문 서적을 참고하는 것이 좋습니다(《通박사 조병호의 신구약 중간사》, 통독원).

'중간사 400년'의 분위기를 표현하자면, 하나님의 침묵 속에 '구약성경의 세계화와 유대 분파가 형성'되는 분위기라고 할 수 있습니다. '중간사 400년' 기간에 히브리어로 된 모세오경이 헬라 제국의 프톨레미 왕조에 의해 당시 세계 공용어인 헬라어로 번역됩니다. 그리고 헬라 제국 가운데 셀루커스 왕조의 유대 핍박으로 말미암아 유대의 분파들(사두개파, 바리새파, 에세네파 등)이 생겨납니다. 때문에 '중간사 400년'을 공부해야 신약성경을 이해하는 데 도움을 받을 수 있습니다.

바벨론 제국을 위해 일했지만, 사실 바벨론에 끌려온 남유다 사람들은 워낙 월등한 사람들이었습니다. 바벨론이 제국의 번영을 위해 남유다에서 최고의 능력을 갖춘 다니엘과 세 친구, 실력 있다고 자부하는 엘리트들 만여 명을 필두로 능력 있는 수많은 사람을 바벨론으로 끌어와 집단 거주시켰던 것입니다. 그곳에서 유대인으로 불리게 된 그들은 월등한 사람들로 성장해 바벨론에 뿌리를 내렸습니다. 그들의 월등함은 교육으로, 장사로 계속 나타납니다. 그래서 '유대인의 교육', '유대인의 상술'과 같은 말이 본격적으로 나오기 시작한 것입니다.

그랬기에 유대인들은 바벨론 제국이 멸망하고 페르시아 제국이 등장했음에도 불구하고 그들의 정체성(identity)을 아주 분명하게 지니면서 살아갈 수 있었습니다. 비록 귀환자들은 예루살렘으로, 또 다른 이들은 페르시아 전역들로 흩어졌지만, 그들은 자신들의 정체성을 흔들림 없이 지켜 페르시아 제국 내내 '유대 민족'으로 굳건히 살아냈습니다. 그렇게 하나의 민족으로 정체성을 지켜온 그들이 '중간사 400년' 동안에 분열됩니다.

헬라 제국

자, 이제 본격적으로 400년의 역사 속으로 들어가봅시다. 구약성경의 마지막 부분은 페르시아 제국으로 끝이 나고 신약성경의 시작은 로마 제국입니다. 페르시아 제국과 로마 제국 사이에는 어떤 제국이 있었을까요? 바로 헬라 제국입니다.

페르시아를 멸망시키며 등장한 헬라 제국은 260여 년을 지속하다가 로마 제국에 멸망했습니다. 한마디로 신구약 중간기에는 헬라 제국의 시작부터 끝까지의 이야기가 담겨 있습니다. 헬라 제국과 유대인 사이에 일어난 여러 사건들 이야기 속에서 유대 민족의 분파 이야기가 흥미진진하게 진행됩니다.

먼저 페르시아 제국이 어떻게 헬라 제국에게 망했는지부터 살펴보겠습니다. 헬라 제국은 메소포타미아 영역이 아닌, 에게해를 서편으로 둔 지역, 지금의 동유럽이라 불리는 곳에서 등장한 제국입니다.

그곳에는 강이나 산을 지역 경계로 해서 아테네, 스파르타, 테베 등의 그리스 도시 국가들이 있었습니다. 도시 국가들은 나름대로 각각의 특징을 가지고, 이를테면 아테네 같은 경우는 민주정, 스파르타 같은 경우는 과두정과 같은 정치 형태를 가지고 자기들끼리 민족 국가를 이루며 살고 있었습니다. 또한 이들 그리스 도시 국가와 상관이 있기는 하지만 그들과 멤버십이 없는, 약간 다른 민족인 마케도니아 민족이 인근에 있었습니다. 마케도니아 민족은 그리스 도시 국가들로부터 바르바르인, 즉 야만인들이라고 무시를 당했습니다.

동양의 고대 사회에서도 중국은 우리나라를 비롯해, 일본, 만주 등 중국의 동쪽 지역에 사는 민족을 동이(東夷)족, 곧 동쪽의 오랑캐, 중국에서 서쪽 지역에 사는 민족을 서이(西夷)족, 곧 서쪽의 오랑캐라고 부르며 무시했습니다. 제사장 나라의 핵심 사상은 민족과 민족이 서로 존중하여 평화를 이루는 것입니다. 그러나 국제 사회는 그러지 못함으로 민족 대 민족의 우월성과 열등감이 굉장히 중요한 화두가 됩니다.

그리스 도시 국가들과 마케도니아 사이에도 그로 인한 감정의 골이 파여 메워지지 않고 있었습니다. 그러던 중 그리스 도시 국가들과 페르시아가 세 번에 걸쳐 전쟁을 합니다. 놀랍게도 그 거대한 페르시아 제국을 작은 그리스 도시 국가들이 연합해서 무찌릅니다. 이는 그리스 도시 국가들의 꿈이 이루어진 사건으로 페르시아 제국에게는 상상도 못할 충격적인 일이었습니다.

페르시아로부터 나라를 지킨 그리스의 도시 국가들은 다시 페르시아가 쳐들어올지 모른다는 두려움 속에서 '델로스 동맹'을 맺으며 결속을 다집니다. 그런데 이 과정에서 오히려 내부가 분열됩니다.

그리스 도시 국가들은 스파르타 중심, 아테네 중심의 연합체로 나뉘어 27년에 걸쳐서 세 번의 싸움을 벌입니다. 이것이 그들 민족의 동족상잔의 전쟁인 '펠로폰네소스(Peloponnesos) 전쟁'입니다. 펠로폰네소스 전쟁에서 이긴 스파르타가 최종적으로 그리스 도시 국가들을 묶어서 다스립니다. 그러다가 주도권이 테베로 넘어갑니다.

테베가 그리스 도시 국가들을 다스리고 있을 때, 마케도니아의 왕자 필립포스 2세가 테베에 인질로 끌려와 있었습니다. 필립포스 2세가 테베에서 청소년 시기를 보낸 것이 헬라 제국의 씨앗이 됩니다.

필립포스 2세가 워낙 군사 천재였습니다. 그런 그가 인질로 있는 동안 그리스 도시 국가의 오래된 문명과 테베의 군사 훈련 등 많은 아이디어를 모두 배우고 익혔습니다. 이후 필립포스 2세는 그리스가 오랫동안 야만인들이라 취급했던 마케도니아로 돌아가서 왕이 되어 강성한 군대를 만든 후 오히려 그리스 도시 국가들을 점령했습니다. 그리스 전체를 손에 넣은 필립포스 2세는 그리스 도시 국가들의 리더들을 성경에 고린도라고 하는 '코린트(Corinth)'에 불러모아 중요한 협약을 이룹니다.

코린트 협약의 첫 번째 내용은 그리스 도시 국가들끼리 싸우지 말고 잘 지낼 것, 두 번째 내용은 그리스 도시 국가들의 분쟁의 원인인 페르시아 침공에 대해 응징을 하자는 것입니다. 필립포스 2세는 자신이 페르시아 정복을 위한 연합군 사령관이 되겠으니 자신을 도울 것을 결의하게 합니다. 그런데 이 결의를 실행으로 옮기기 전에 필립포스 2세가 암살당하고, 필립포스 2세의 아들 알렉산더가 그의 뒤를 잇습니다.

알렉산더는 20세의 나이에 마케도니아의 왕이 되어 아버지가 왕으로서 꿈꿨던 일을 물려받을 생각을 합니다. 그리스 도시 국가들은 20살 어린 애송이가 무엇을 하겠냐며 비웃었지만, 알렉산더는 강력한 군사적 리더십을 발휘합니다.

알렉산더는 아버지가 꾸렸던 코린트 협약을 다시 갱신하고, 놀랍게도 3만 5천 명의 보병과 기병, 160척의 함대를 이끌고 페르시아로 진군해 나섭니다. B.C.333년에 알렉산더의 군대는 이수스(Issus)에서 페르시아의 다레이오스 3세가 이끄는 군대와 격돌합니다. 페르시아는 어느 기록에는 32만 명, 어느 기록에는 60만 명이라고 하는 거대한 군대를 이끌고 왔습니다. 그런데 놀랍게도 21살에 불과한 알렉산더가 약 9천 기병을 이끌고 페르시아의 군대 보병 약 9만 명, 기병 만 명 곧 약 10만

명을 한꺼번에 사로잡거나 죽입니다. 페르시아 제국은 이수스 전투에서 끝나기 시작해서 결국 알렉산더의 수중에 넘어갑니다. 그렇게 이루어진 것이 헬라 제국입니다.

알렉산더는 약 13년에 걸쳐서 인도까지 헬라 제국의 국경을 확대했지만, 고향으로 돌아가고 싶은 병사들의 향수병과 인근의 풍토병을 극복하지 못하고 진군을 마감하고 바벨론으로 돌아와 죽습니다. 그가 남긴 거대한 헬라 제국은 부하 장수들에 의해 나누어집니다.

그렇게 해서 헬라 제국은 마케도니아 그리스 헬라 제국, 이집트 헬라 제국, 시리아 헬라 제국 등으로 크게 나뉘어 시간을 보냅니다. 끝내 헬라 제국은 하나로 뭉쳐지지 못합니다. 이후 분열된 헬라 제국은 로마에 의해서 차례차례 멸망하고 결국 세계의 주도권은 로마로 넘어가게 됩니다.

구약성경의 세계화

분열된 헬라 제국의 왕조들은 제각기 전체를 묶으려는 노력을 모두 시도했습니다. 특히 이집트 헬라 제국과 시리아 헬라 제국은 유대 예루살렘 지역의 통치권을 놓고 늘 경쟁했습니다.

처음에는 이집트 헬라 제국 곧 프톨레미 왕조가 유대를 차지해 122년간 통치했습니다. 프톨레미 왕조의 관대한 정책으로 유대는 평화로운 시기를 보낼 수 있었습니다. 프톨레미 왕조의 두 번째 왕인 프톨레미 2세는 히브리어로 쓰인 모세오경을 당시 공용어인 헬라어로 번역하고 싶었습니다. 이를 위해 유대로부터 70명의 학자들을 애굽으로 초청해 모세오경을 번역하게 했습니다. 그는 헬라화의 정책 차원에서 유대에 있는 모세오경을 헬라어로 번역하여 이집트(애굽)의 알렉산드리아 도서관에 소장했습니다. 굉장히 큰일을 이룬 것입니다.

알렉산더는 마케도니아 출신이었지만 그리스의 문학과 역사와 철학을 아주 소중하게 여겼습니다. 또한 자기가 점령한 페르시아 제국의 문화 역시 소중하게 여겨서 두 문화를 묶고자 했습니다. 알렉산더는 각각의 문화를 놓고 민족적인 우열 관계를 정하는 데 초점을 맞추기보다는 오히려 개인들을 중요시 여기고 민족들의 경계를 해체하자는 식의 주장을 합니다. 이것이 헬레니즘입니다.

헬레니즘의 연장선에서 구약성경의 세계화가 이루어진 것입니다. 무슨 이야기일까요? 헬라화 정책의 핵심 내용은 문화와 역사와 철학이지만 이를 전달하는 방식은 헬라어입니다. 즉, 알렉산더는 그리스가 사용하는 헬라어를 자신이 정복하여 이룬 제국의 모든 시민이 사용하여 세계 공용어가 될 수 있도록 이끌었습니다. 헬라어를 사용하면 공직자로 채용한다든지 하는 어드밴티지(advantage)를 주면서 헬라어를 세계화했던 것입니다.

구약성경인 모세오경이 헬라어로 번역되었다는 것은 세계 어떤 지식인도 모두 성경을 읽을 수 있도록 했다는 이야기입니다. 그렇게 이집트 헬라 제국은 모세오경을 헬라어로 번역하여 온 세계 사람들이 읽을 수 있도록 했습니다.

모세오경 번역을 시작으로 계속해서 이후의 구약성경들도 헬라어로 번역되어 구약성경의 세계화가 이루어집니다. 후대의 사람들이 이를 '70인역(Septuagint, LXX')'이라고 부릅니다.

이상은 이집트 헬라 제국 때 이루어진 이야기입니다. 그러나 시리아 헬라 제국으로 유대의 통치권이 넘어가면서 이야기가 많이 달라집니다.

유대 분파

헬라화를 받아들이는 점령지의 민족들도 있었지만, 그렇지 않은 민족들도 있었습니다. 유대 지역이 그중 하나였습니다. 시리아 헬라 제국, 곧 셀루커스 왕조가 유대 예루살렘을 통치하며 헬라화를 추진하는 과정에서 유대의 사람들과 문제가 발생했습니다.

시리아 헬라 제국은 유대인들이 헬라 정신을 받아들이지 않고 모세 때부터 아주 굳건하게 자리 잡고 있는 히브리인의 정체성에 충실하는 것에 대해서 굉장히 못마땅하게 생각했습니다. 특히 시리아 헬라 제국은 유대 민족의 정체성의 핵심인 성전을 중심으로 제사가 이루어지고, 율법이 낭독되는 상황을 더욱 못마땅해하며 국가 공권력으로 유대인들을 박해하기 시작합니다. 게다가 시리아 헬라 제국은 로마와의 전쟁에서 크게 패배한 후 막대한 배상금을 로마에 물어주기 위해 유대에 엄청난 세금을 징수하고, 성전 헌금에 손대는 일까지 벌였습니다.

시리아 헬라 제국은 헬라화에 동조하지 않는다는 이유를 들어 유대인들을 핍박하며 율법서를 찢고, 불사르고, 안식일을 지키지 못하게 했습니다. 할례를 금지하여 이를 시행하는 유대인들을 죽이기까지 하는 일을 서슴지 않았습니다. 더 나아가 예루살렘 성전 안에 제우스 신을 위한 제단을 세워놓고, 제사에서 금하는 돼지를 희생 제물로 잡아 돼지 피를 흘리게 하는 등 성전을 모독했습니다.

이런 상황에서 유대인들 가운데 적지 않은 사람들은 현실이니 어쩔 수 없다고 하면서 수긍하고 타협했습니다. 그러나 대부분의 사람들은 어떤 난관을 극복하고라도 이겨내야 된다고 생각하면서 헬라에 저항했고 그로 인해 핍박을 받는 과정에서 많은 희생이 있었습니다. 또한, 이 상황을 오히려 저항의 불길로 올린 사람도 있었습니다. 바로 '마타디아'라고 하는 시골의 노(老)제사장이었습니다. 마타디아는 다섯 명의 아들을 데리고 시리아 헬라 제국에 저항을 선언했습니다. 그들의 저항이 마카비 혁명으로 발전합니다. 마카비 혁명에 가담하는 혁명대원들이 점차 늘어 3천여 명까지 이르게 되고, 마침내 시리아 헬라 제국의 정규군

7천 기병과 보병 4만 6천 명과 싸워서 이기는 성과까지 거둡니다.

이때 혁명군들이 예루살렘으로 들어가서 시리아 헬라 제국에 의해서 핍박당했던 예루살렘 성전을 청결하게 함으로 수전절이 만들어집니다. 〈요한복음〉에 등장하는 수전절이 이날의 성전 청결을 기념한 절기입니다.

마카비 혁명을 주도했던 유다 마카비는 아버지 마타디아의 뒤를 이어 예루살렘에 들어가서 대제사장이 됩니다.

여기에 오기까지 도왔던 수많은 유대인을 이름하여 하시딤이라고 합니다. 바리새파와 에세네파가 하시딤의 후예들입니다. 반면 헬라 사상에 순응했던 사람들은 점차 사두개파가 됩니다. 하시딤들은 마카비 혁명을 도와 성전을 청결하게 한 후 자신들의 역할은 여기까지라고 하며 철수합니다. 마카비 혁명을 이끌었던 유다 마카비는 종교적 독립에 만족하지 않고, 정치적 독립까지 완벽하게 이루어야 되겠다는 방향으로 나아갑니다. 그러던 중 유다 마카비가 죽고 요나단으로 통치가 넘어갑니다.

요나단이 통치하던 시대에 이르러서 하시딤이 마카비 가문과 뜻을 달리하면서 점차 유대는 세 부류로 나뉩니다. 그들이 사두개파, 바리새파, 에세네파입니다.

한편, 대제사장으로서 유대의 통치권까지 갖게 된 마카비 혁명 세력들은 시리아 헬라 제국이 약해진 틈을 타서 왕조까지 세웁니다. 이것이 하스몬 왕조입니다.

하스몬 왕조의 특징은 왕이 대제사장직을 겸했다는 것입니다. 한번은 하스몬 왕조 기간 내에 알렉산데스 야나이우스가 살로메 알렉산드라라는 형수와 결혼식을 거행했습니다. 이 결혼식이 진행되는 도중에 큰 반란이 일어났습니다. 왜 반란이 일어났을까요? 바리새파를 중심으로 한 백성들이 형의 미망인과 결혼하려는 알렉산데스 야나이우스를 향해 올리브나무 가지를 퍼붓듯 던지며 난동을 벌였습니다. 내용인즉슨 대제사장은 과부와는 결혼할 수 없다는 율법 조항 때문이었습니다. 왕 곧 통치자로서 형수와 결혼하는 것은 가능하겠지만 대제사장으로는 자격이 없다 하여 강력하게 반대를 표했습니다.

그러나 알렉산데스 야나이우스는 결혼식을 강행했고, 그날 반란을 주도했던 800여 명을 처형합니다. 이와 같은 상황을 놓고 일부는 '도대체 예루살렘이라는 곳이 하나님의 뜻이 이루어지는 곳이 아니구나.'라고 생각하며 보따리를 싸 가지고 광야로 떠나버렸습니다. 그들이 에세네파입니다.

그래도 예루살렘 성전은 존중되어야 한다는 생각을 가지고 그곳에 남아 있던 사람들이 바리새인들입니다.

바리새파는 하시딤의 후예로, 초기에는 마카비 혁명을 지지했지만 이후에는 지지를 철회하며 뜻을 달리했습니다. 이들은 백성들을 대표하는 경제적 중산층이자 스스로 종교인들이라 자처하는 사람들로 구약 39권을 모두 성경으로 받아들였고, 영과 부활과 천사의 존재를 믿었습니다.

반면, 사두개파는 예루살렘 성전을 중심으로 하는 제사장 가문의 사람들과 부유한 종교 귀족으로 헬레니즘을 일부 받아들이며 기득권 유지에 힘썼습니다. 그들은 모세오경만을 성경으로 받아들이고 천사와 영의 존재를 믿지 않았습니다.

하스몬 왕조를 지나면서 유대 분파들의 특성이 더욱 뚜렷해지고, 로마 제국이 등장하면서 사두개파와 바리새파의 형식주의는 더욱 고착화됩니다. 그들은 진정한 제사를 드리며 하나님을 섬기기보다는 형식적으로 제사를 드리며 만족하는 종교인의 삶을 살았습니다.

그리고 로마 제국이 식민지 백성들을 대상으로 세금을 거두기 위한 정책을 펼치면서 세리라는 직업이 등장합니다. 세리들은 유대 동족들에게 세금을 거두어 로마에 바치고 일부는 자신들이 착복해 부를 누리며 살았습니다. 때문에 유대인들이 세리들을 너무나 미워해 창기와 같은 범주에 둘 정도였습니다.

헤롯 왕조와 로마

이스라엘이 '왕정 500년' 이후 사라졌던 왕조가 하스몬 왕조로 인해 잠시나마 부활했지만 80여 년 만에 유대는 다시 로마 제국의 통치를 받는 식민지가 되고 맙니다. 로마의 개입으로 하스몬 왕조가 다스리던 유대는 헤롯 왕조의 통치로 넘어갑니다. 에돔족 헤롯이 어떻게 유대의 왕이 되었는지 궁금하지 않습니까? 하스몬 왕조를 강력한 왕조로 키운 요한 힐카누스 때로 올라가 보겠습니다.

요한 힐카누스가 나라의 국경을 늘리는 가운데 에돔족까지 점령을 했습니다. 그리고 에돔족들에게 유대교로 개종할 것을 강요했습니다. 그때 적지 않은 에돔족이 유대교로 개종했는데 그들 중 한 사람이 헤롯의 아버지 안티파터입니다. 그렇게 에돔족이 유대교로 들어와서 예루살렘을 기반으로 삶의 기반을 다졌습니다.

그렇다면 로마는 언제 세계 역사에 등장했을까요? 로마라는 나라는 구약의 선지자들이 활동하던 때인 B.C.8세기경에 나라의 기초를 세우기 시작했습니다. 다른 나라들과 달리 로마는 한 사람에 의한 독재 정치가 아니라, 초기부터 원로원으로 뽑힌 의원들이 모여 합의한 결과를 가지고 나라를 다스렸습니다.

이러한 기반 위에서 로마는 카르타고(오늘날 북아프리카 근처)와 3차에 걸친 포에니 전쟁을 치르게 됩니다. 로마는 이 전쟁을 통해서 큰 나라로 성장할 수 있는 기회를 갖게 됩니다. 카르타고는 땅이 기름지고 매우 풍요로운 곳이었습니다. 카르타고와의 전쟁에서 승리한 로마는 카르타고로부터 엄청난 배상금을 받았으며, 로마의 주식인 밀을 충분히 들여왔습니다. 포에니 전쟁 승리로 로마는 다른 나라들을 위협할 만큼 강한 힘을 가지게 됩니다. 그리고 로마 역사상 매우 중요한 사람인 율리우스 카이사르가 역사의 전면에 등장합니다.

카이사르는 폼페이우스와 크라수스와 함께 '삼두정치'라고 일컫는 새로운 정치 방식을 실행하며 로마를 장악해갔습니다. 카이사르는 전직 집정관 자격으로 갈리아 지방에 총독으로 파견되었고, 갈리아 전쟁을 통해 오늘날 프랑스를 포함한 유럽 전체와 영국까지 포함한 넓은 땅을 로마에 복속시켰습니다. 그리고 로마는 고대 근동을 포함한 동방 지역 전체까지 로마에 포함시켰는데 이때 유대 지역도 로마의 지배하에 들어가게 됩니다.

하스몬 왕조가 로마에 망하는 때 안티파터는 남다른 정치력을 가지고 로마의 중요한 실력자였던 폼페이우스와 카이사르 양쪽과 다 친했습니다. 그래서 카이사르에 의해서 안티파터는 하스몬 왕조의 뒤를 이어서 유대를 다스리는 행정장관과 같은 지위에 오르게 됩니다.

원로원이 합의한 내용으로 나라를 통치하던 로마가 이제는 너무나 큰 제국이 되었습니다. 그래서 카이사르는 넓은 제국을 효과적으로 다스리기 위해서 로마에 황제 제도가 필요하다고 생각했습니다. 하지만 로마인들은 한 번도 시행해본 적이 없는 황제 제도에 대해서 큰 반감을 가지고 있었습니다. 때문에 로마인들은 카이사르를 좋게 생각하고 있었지만 그를 황제로는 받아들이려 하지 않았고, 결국 황제 제도를 주장했던 카이사르는 57세에 암살당하고 맙니다.

이제 로마의 실권자는 안토니우스와 옥타비아누스입니다. 아버지 안티파터에 이어서 그의 아들 헤롯이 두 실권자와 잘 지내다가 로마의 진짜 실권자가 된 옥타비아누스에 의해 유대의 분봉 왕으로 임명을 받습니다.

이것이 신약성경 내내 헤롯 왕조가 진행되는 이유입니다. 여기까지의 이야기가 바로 'a blank page full of history' 즉 400년의 빈 페이지 안에 충분히 들어 있는 역사 이야기입니다.

Tong point

'중간사 400년'의 질문과 답
왜! 유대인은 사두개파, 바리새파, 에세네파, 세리 창기파로 분파되었는가?
– 왜냐하면, 무엇보다 마음을 잃어버린 형식주의 때문에

일곱 번째 만남

5트랙 - 4복음서

'4복음서'란?

마태, 마가, 누가, 요한이 우리 예수님의 행적에 대해 기록한 책입니다. 성경은 요약과 압축의 책입니다. 하나님의 사랑이 성경 속에 요약되어 있고, 압축되어 있기 때문에 성경은 읽으면 읽을수록 하나님의 사랑을 더 많이 알게 되는 책입니다. 하나님께서는 우리 예수님의 행적만큼은 무려 4명의 저자를 동원하셔서 4권의 책으로 우리에게 주셨습니다. 우리 예수님의 행적이 그만큼 중요하다는 뜻입니다. 그리고 우리는 4명의 저자를 통해 예수님에 대해 알 수 있는 풍요를 누릴 수 있습니다. '4복음서'는 예수 그리스도를 만날 수 있는 가장 좋은 책이고 가장 귀한 책입니다.

1. '4복음서' 이야기 (1)
: 예수님이 완성하신 하나님 나라

로마는 하루아침에 이루어지지 않았다(Rome wasn't built in a day). 어떤 나라건 나라를 만드는 데 어떻게 하루아침에 가능하겠습니까. 이 말에는 나라 만드는 것이 어렵다는 이야기도 들어 있지만, '로마는 나라 중의 나라, 나라의 대명사, 제국 중의 제국, 제국의 대명사이다.' 이런 뜻도 함축하고 있다고 볼 수 있습니다.

로마 제국이 정점에 이르러 갈 때 하나님께서는 '하나님 나라'를 말씀하셨습니다. 하나님께서 로마 제국 한복판에서 '하나님 나라'라는 보석을 이 땅에 심어 놓으셨던 것입니다.

질문 하나 가볍게 하겠습니다. 여자가 낳은 자 중에 가장 큰 사람은 누구입니까? 사실 여자가 낳지 않은 사람은 없습니다. 당연히 인류 역사에서 아담과 하와 두 사람 외에는 모두 다 어머니의 배 속에서 나왔습니다. 예수님께서는 이 질문의 답을 세례 요한이라고 하셨습니다.

"내가 너희에게 말하노니 여자가 낳은 자 중에 요한보다 큰 자가 없도다"(눅 7:28)

우리 예수님께서는 정확히 평가하시는 분입니다. 그런데 그 정확한 평가를 내리시는 우리 예수님께서 세례 요한을 왜 그렇게 평가하셨을까요? 그 이유는 세례 요한이 했던 중요한 두 마디의 말 때문입니다.

첫째는 "회개하라! 천국이 가까이 왔다.", 즉 하나님 나라가 가까이 왔음을 이야기했습니다. 구약성경 전체는 제사장 나라(the Kingdom of Priest) 컨셉입니다. 이후 '중간사 400년'을 거쳐 분위기가 바뀌며 나온 화두가 '하나님 나라(the Kingdom of God)입니다. 이 담론을 세례 요한이 터트렸던 것입니다.

"회개하라 천국이 가까이 왔느니라 하였으니"(마 3:2)

그렇게 세례 요한이 하나님 나라 담론을 만들어서 6개월 정도 사역을 진행해가는 도중에 우리 예수님께서 세례 요한 앞에 나타나셨습니다. 그때 세례 요한이 우리 예수님을 첫눈에 알아보고 "보라! 세상 죄를 지고 가는 하나님의 어린양이다."라고 말했습니다.

"보라 세상 죄를 지고 가는 하나님의 어린 양이로다"(요 1:29)

세례 요한의 두 번째 말, 곧 '세상 죄를 지고 가는 하나님의 어린양'은 구약성경과 신약성경을 완벽하게 묶어서 하나님 나라를 구성하는 핵심 구절이라고 볼 수 있습니다.

이야기 안에는 핵심 메시지가 있습니다. 이를테면 우리가 잘 알고 있는 〈바람과 함께 사라지다 *Gone with the Wind*〉라는 영화가 있습니다. 마거릿 미첼(Margaret Mitchell)의 소설을 영화로 만든 그 제목, 'Gone with the Wind'라는 말은 애슐리(Ashley)라는 사람이 "Civilization, Gone with the Wind.", 즉 '문명'이 바람과 함께 사라졌다고 한마디 슬쩍 말한 독백에서 나왔습니다. 여기에는 지금의 문명이 지나고 또 다른 문명이 온다는 메시지가 담겨 있습니다. 애슐리의 대사에서 한 문장을 떼어내서 소설의 제목도 만들고, 영화의 제목도 만든 것입니다.

세례 요한이 예수님을 '하나님의 어린양'으로 소개하자 예수님께서는 제사장 나라를 담고 있는 구약성경의 그 수많은 이야기를 하나님 나라 이야기로 확대해가십니다.

'하나님의 어린양'이라는 말은 유월절 어린양과 반드시 묶어서 이해를 해야 합니다. 히브리 민족이 애굽에서 나올 때 마지막 날 저녁에 양을 잡아서 피를 받아 좌우 문설주와 인방에 발랐는데 그때 잡은 양이 1년 된 어린양입니다. 피를 발랐을 때 그 가정에 기적이 일어났습니다. 애굽 모든 가정의 장자들은 그들의 잘못으로 처벌을 받았는데 히브리 모든 가정의 장자들을 어린양의 피를 바른 순종으로 살게 되었습니다. 이 사건이 히브리 민족의 근본 출발점이 되어서 장자들이 살아남았고, 그 장자들이 기초가 되어 제사장 나라를 만들 수 있었습니다.

이 내용이 구약성경 전체를 아우르는, 매우 중요한 제사장 나라 컨셉입니다. 제사장 나라의 컨셉인 유월절 어린양이 하나님의 어린양 예수님의 십자가로 이어지면서 하나님 나라가 완성됩니다. 이렇게 '4복음서'의 큰 그림을 먼저 그려봅니다.

2. '4복음서' 이야기 (2)
: 왜! 예수님은 사두개파, 바리새파보다
세리, 창기를 친구로 여기셨는가?

하나님 나라를 이루어가시는 예수님의 이야기를 담은 '4복음서'를 공부하면서, 중요한 질문을 하나 해보겠습니다. 왜? 예수님은 사두개파, 바리새파보다 세리, 창기를 친구로 여기셨을까요?

사두개인들은 모세오경을, 바리새인들은 구약 39권을 늘 붙들고 사는 사람들입니다. 그러나 세리들은 자신의 민족을 파는 사람이요, 창기들은 생계를 위해서 몸을 파는 사람들입니다. 한마디로 그들은 팔지 말아야 되는 것을 파는 형편없는 사람들입니다. 그런 사람들을 우리 예수님께서는 친구로 여기셨습니다.

왜 그러셨을까요? 우리 예수님께서 무조건 약자 편이셔서 그러실까요? 그렇지 않습니다. 그렇다면 어떤 이유가 있을까요? 그것은 바로 '믿음' 때문입니다.

애굽에서 하나님께서 모세를 통해 1년 된 어린양을 잡아 그 피를 집 좌우 문설주와 인방에 바를 것을 명령하셨습니다. 누구나 하나님의 말씀을 믿으면 각 가정의 장자가 사는 것이고, 믿지 않으면 죽는 것입니다. 유월절 어린양의 피가 각 가정의 장자를 살리는 능력이었습니다. 이를 믿은 히브리 가정의 장자들은 모두 살았습니다. 믿음의 문제가 이렇게 중요한 것입니다.

이제 1500여 년이 지나고 우리 예수님께서 유월절 어린양과 같이 하나님의 어린양이 되십니다. 구원은 예수님께서 하나님의 어린양이 되심을 '믿느냐, 믿지 않느냐'의 문제입니다.

사두개인과 바리새인은 끝까지 예수님을 믿지 않았습니다. 그러나 세리와 창기는 비록 자신들에게 많은 허물이 있음에도 불구하고, 하나님께서 아버지가 되신다는 말씀, 한 영혼이 천하보다 소중하다는 말씀, 죄인을 하나님의 자녀로 삼기 위하여 예수님께서 십자가에서 피 흘리심으로 그들의 죄를 대속하신다는 말씀을 믿었습니다. 그래서 예수님께서는 믿음이 있는 그들을 친구로 여겨주셨습니다.

믿음이 이렇게 중요합니다. 우리는 보이지 않는 믿음보다는 외모나 행동으로 나타낼 수 있는 보이는 행동에 더 신뢰를 둡니다. 그러나 하나님께서는 우리 인생들을 향해서 예수 그리스도를 '믿느냐, 믿지 않느냐' 여기에 모든 기준을 두십니다.

하나님 나라의 복을 누리는 진정한 핵심은 '예수'를 믿는 것입니다. 예수 이름으로 구원을 받고, 예수 이름으로 하나님의 자녀가 된다는 사실을 믿는 것, 이보다 중요한 이야기는 없습니다.

세상에는 많은 성과가 있습니다. 자연에 대한 질문, 사회에 대한 질문, 또 인간 존재에 대한 많은 질문이 자연과학, 사회과학, 인문과학이 되고 이 모든 것이 묶이면 문명이 나옵니다. 그 문명을 넘어서는 것이 기적입니다.

'4복음서'에는 예수님의 기적 이야기가 많이 나옵니다. 물이 변하여 포도주가 되는 기적, 물고기 두 마리와 떡 다섯 개로 수천 명을 먹이신 기적, 물 위로 걸으신 기적, 죽은 자를 살리신 기적 등, 예수님께서 일으키신 많은 기적은 문명으로는 해석이 되지 않습니다. 오직 기적으로 해석되는 이야기입니다. 그런데 그 수많은 기적 가운데 가장 큰 기적은 우리 예수님께서 하나님의 어린양이 되신 기적입니다.

3. '4복음서'의 분위기
: 하나님 나라 셋업 분위기

'4복음서'는 '하나님 나라(the Kingdom of God) 셋업(set-up)' 분위기입니다. 예수님의 길을 예비하기 위해 등장한 세례 요한이 하나님 나라를 소개했고, 예수님께서는 '4복음서'를 통해 본격적으로 하나님 나라를 자세히 가르쳐주셨습니다.

모든 제국은 하나같이 "제국이여 영원하라!"를 외쳤습니다. 그러나 모든 제국은 결국 다 망했습니다. 하지만 하나님 나라는 영원합니다. 우리는 하나님 나라에 우리의 소망이 있다는 사실을 '4복음서'를 통해 늘 배우고 기억해야 합니다. 예수님께서 가르쳐주신 '하나님 나라'를 우리 자녀들에게 잘 설명하여 하나님 나라를 향한 소망을 품게 하는 것이 중요합니다.

'4복음서'의 시작과 끝 이야기

성경 66권은 모두 살아 계신 하나님의 아들 예수 그리스도에 관한 기록입니다. 그중에서도 '4복음서'에는 예수님에 관한 이야기가 집중적으로 기록되어 있습니다. '4복음서'에 담긴 수많은 이야기를 읽고 또 읽고 공부하면서 예수님을 더욱 믿게 되는 놀라운 은혜를 체험하기를 바랍니다.

먼저 '4복음서'의 시작과 끝에 등장하는 이야기를 살펴보겠습니다. 예수님 이야기의 시작에는 로마 제국의 초대 황제 아우구스투스의 대리인인 유대의 분봉 왕 헤롯의 명령이 있었습니다.

어느 날 동방박사 세 사람이 헤롯을 찾아가서 아주 진지한 눈빛으로 "유대인의 왕이 어디에서 태어나십니까?"라고 말했습니다.

> "유대인의 왕으로 나신 이가 어디 계시냐 우리가 동방에서 그의 별을 보고 그에게 경배하러 왔노라 하니"(마 2:2)

헤롯은 이 말을 농담으로 듣지 않았습니다. 굉장히 진담으로 듣고, 대제사장과 실력 있는 서기관들을 불러서 이 논의를 담론에 붙였더니 '베들레헴에서 태어나신다'는 답이 나왔습니다. 그들은 800여 년 된 〈미가〉 문건에 그렇게 기록되어 있음을 확인해주었습니다.

> "베들레헴 에브라다야 너는 유다 족속 중에 작을지라도 이스라엘을 다스

릴 자가 네게서 내게로 나올 것이라 …"(미 5:2)

헤롯이 메시아의 베들레헴 탄생 이야기를 듣고 깜짝 놀랐습니다. 그러나 헤롯은 동방박사들을 감쪽같이 속이며 자신도 경배할 테니 그곳을 알려 달라고 말합니다. 사실 그는 마음속으로 '태어난 곳을 알아서 조용히 죽여야지.' 이런 생각을 하고 있었습니다. 이렇게 예수님의 이야기는 로마 제국과 떼려야 뗄 수 없는 연결로 시작됩니다.

마지막은 어떻습니까? 마지막은 로마의 2대 황제 티베리우스가 유대에 보낸 빌라도 총독과 연결됩니다. 빌라도 총독이 최종적으로 예수님을 십자가에 못 박으라는 명령을 내렸고, 로마 병사들이 명령대로 예수님을 십자가에 못 박았습니다. 아리마대 요셉이 십자가에 달려 돌아가신 예수님을 자기 무덤에 장사 지냈는데, 부활 직전에 그 무덤을 지킨 사람들은 로마 군인들이었습니다.

이렇게 우리 예수님 이야기의 시작과 끝은 로마 제국과는 별개로 갈 수 없는 아주 밀접한 관련이 있었습니다.

예수님의 공생애 이야기 : 제사장 나라를 완성하신 하나님 나라

시작과 끝의 큰 그림을 그린 후 구체적으로 예수님의 공생애 이야기로 들어가면, 제사장 나라를 완성하신 하나님 나라 이야기가 나옵니다. 세례 요한이 들고 나왔던 하나님 나라가 가까워졌다는 이야기를 우리 예수님께서 3년 공생애 기간 동안 본격적으로 채워가십니다.

그렇다면 제사장 나라는 무엇이고, 하나님 나라는 무엇인지 간단하게 살펴봅시다. 제사장 나라는 첫째 하나님의 용서가 있는 나라, 둘째 이웃과 나눔이 있는 나라, 셋째 민족 간에 평화가 있는 나라입니다. 대단한, 진짜 좋은 나라입니다.

하나님을 아버지라 부르는 나라

하나님 나라는 어떻습니까? 하나님 나라의 세 가지 특징 가운데 첫째는 하나님을 아버지라 부르는 나라라는 것입니다. 정말 놀라운 이야기입니다. 예수님께서는 우리에게 '주의 기도'를 알려주시면서 하늘에 계신 하나님을 '아버지'라 부르라고 가르쳐주셨습니다.

'주의 기도' 내용 가운데 일용할 양식을 아버지께 구하라는 가르침이 있습니다. 왜 그러셨을까요? 하나님의 창고가 빈곤해서 열흘 치를 한꺼번에 주실 수 없기 때문에 날마다 필요한 양식을 구하라고 그러셨을까요? 일용할 양식을 아버지에게 구하라는 것은 아버지가 자녀들과 매일 이야기하고 싶으시다는 것입니다.

만약 부모 자식 간에 아무 대화 없이 지내다가 한 20년 만에 만나서 이런저런 큰 이야기만을 주고받는다면 그건 부모 자식 간이 아닌 겁니다. 부모 자식 간은 큰 거래가 오가고, 비즈니스를 나누는 그런 관계가 아닙니다. 늘 작은 이야기, 소소한 대화를 함께 나누는 사이가 진정한 부모 자식 간입니다. 이런 측면에서 볼 때 우리 하나님께서는 천하보다 소중한 자녀들과 매일, 이를테면 "아빠 식사하셨어요? 밥은 먹었니?" 하면서 대화하고 싶으셔서 일용할 양식을 구하게 하셨습니다. 이렇게 하나님을 아버지라고 부르는 나라가 하나님 나라입니다.

한 영혼이 천하보다 소중한 나라

하나님 나라의 두 번째 특징은 한 영혼이 천하보다 소중한 나라라는 것입니다. 깜짝 놀랄 만한, 요즘 아이들 말로 '깜놀'할 만한 이야기입니다.

우리가 천하의 구성을 말할 때 제국을 빼놓을 수 없습니다. 예수님께서는 얇은 성경책 안에 앗수르, 바벨론, 페르시아, 헬라, 로마 이 다섯 개 제국을 넣어주셨습니다. 그것도 메인 스토리가 아니라 사이드 스토리로 말입니다. 천하를 말할 때 제국을 빼놓을 수 없는데 우리 예수님께서는 그 모든 것까지 다 포함해 '천하'라고 말씀하시며 '한 영혼'과 비교하셨습니다. 천하와 한 영혼을 비교해서 내리신 예수님의 결론은 '한 영혼이 천하보다 더 소중하다'였습니다. 충격적인 말씀입니다.

그런데 우리 예수님께서는 이렇게 위대한 결론을 내리시며 말씀으로 끝내시는 것이 아니라, 행동으로 직접 보여주셨습니다. 예수님께서 한 영혼이 천하보다 소중하다는 것을 드러내시기 위해서 땀 흘리시고, 눈물 흘리시고, 십자가에서 피 흘리신 이야기를 마태, 마가, 누가, 요한이 꼼꼼히 기록했습니다. 바로 '4복음서'입니다.

한 영혼이 천하보다 소중한 하나님 나라를 위해서 우리 예수님께서 한없이 땀 흘리셨습니다. 예수님께서는 농부들에게는 씨 뿌리는 자 비유로, 어부에게는 그물 비유로, 주부들에게는 누룩 비유로, 장사하는 사람들에게는 달란트 비유로 하나님 나라를 말씀해주셨습니다. 누구든 한마디를 들으면 이야기의 핵심을 이해할 수 있도록 예수님께서는 비유로 하루 종일, 이틀 삼일을 마다하지 않으시고, 5천 명 혹은 4천 명 이상을 대상으로 하나님 나라를 알리고 또 알리셨습니다.

우리 예수님께서는 모든 사람에게 "바로 네가 천하보다 더 소중한 존재이다. 이것이 하나님 나라의 핵심이다."라고 말씀하셨습니다. 예를 들어, 한번은 모여든 수많은 사람들에게 하루 종일 하나님 나라를 가르치신 우리 예수님께서 밤에 잠시 시간을 내서 열두 제자와 함께 배를 타고 어디론가 가십니다. 그런데 그만 배에 오르시자마자 우리 주님께서 주무시는데 풍랑이 일어나서 배가 뒤집힐 상황에 이릅니다. 열두 제자 가운데 베드로, 요한, 안드레, 야고보, 네 사람이 전직 어부인데 그들이 달려들어도 해결이 안 될 상황이다 보니 제자들이 주무시고 계신 우리 주님을 다급히 깨웁니다.

왜 예수님께서는 풍랑에도 일어나시지 않고 주무시고 계셨을까요? 피곤하면 누가 들어 옮겨도 못 느끼잖습니까. 예수님께서는 하루 종일 말씀을 전하시느라 피곤하셨던 것입니다. 그렇게 주무시는데 깨워서 일어나신 예수님께서 즉시 풍랑을 잠잠하게 하십니다. 제자들이 깜짝 놀랐습니다.

놀라운 기적입니다. 그런데 정작 더 큰 기적이 기다리고 있었습니다. 예수님과 열두 제자가 그 밤에 시간을 내서 풍랑을 뚫고 간 까닭은 거라사 광인 한 사람을 온전하게 하기 위해서였습니다. 무덤 사이에 살던 광인 한 사람의 정신을 온전하게 돌려놓고 다시 열세 명이 돌아옵니다.

한 영혼이 천하보다 소중함을 말로 정의를 내리신 것도 월등하신 일인데, 모든 사람을 가르치시고 온몸으로 땀 흘리시면서 그 피곤을 무릅쓰고 먼 길을 찾아가셔서 한 영혼을 소중히 여기시며 고쳐주신 내용으로 우리 예수님께서 3년 내내 일하셨습니다.

십자가를 통해서 완성되는 나라

하나님 나라의 세 번째 특징은 십자가를 통해서 하나님 나라가 완성된다는 것입니다. 십자가를 통해서 완성되는 나라라는 이야기는 우리 예수님께서 하나님의 어린양이 되셨다는 뜻입니다. 유월절 어린양의 피가 애굽에서 히브리인들의 각 가정의 장자들을 살려냈습니다. 그 일이 있고 1500년 세월이 지난 후 드디어 예수님께서 하나님의 어린양이 되어 십자가에 올라가셨습니다.

예수님께서 무엇을 하시기 위해 십자가에 올라가셨을까요? 유월절 어린양이 피를 흘렸듯이 우리 예수님께서도 피를 흘리셨습니다. 왜 이런 일이 발생했을까요? 유월절 어린양과 하나님의 어린양과 무슨 상관이 있는 것일까요? 그 이야기가 구약성경에 꼼꼼히 기록되어 있습니다.

유월절 어린양 사건이 일어난 출애굽 사건이 있고 난 후 700여 년 세월이 지나고 B.C.8세기에 이르러 아모스, 호세아, 이사야, 미가 선지자가 등장했습니다.

지금으로부터 2천 8백 년 전의 역사적 상황은 제사장 나라의 역할을 충실히 감당하지 못한 북이스라엘이 하나님의 징계로 앗수르에 멸망해 사마리아인이 되는 바로 그 시점입니다. 아픈 역사적 상황을 앞두고 하나님께서는 아모스 선지자를 북이스라엘에 보내셔서 회개하라고 설득하셨고. 호세아 선지자를 통해서 그들을 돌이키려고 애쓰셨습니다. 호세아 선지자를 통해서 하나님께서는 "내 마음에 죄인들을 향한 긍휼이 불일 듯 일어난다."라고 말씀하셨습니다. 하나님의 마음 안에 죄인들을 향한 긍휼이 불일 듯 일어난다는 뜻입니다.

하나님께서 법에 따라 잘못을 처벌하시는 것은 당연한, 정당한, 공의롭고 정의로운 부분입니다. 공의의 하나님께서 죄인들을 처벌하셔야 하는데 그들이 죄는 지었지만 너무 안쓰럽고 불쌍했습니다. 하나님께서는 그들을 향한 긍휼의 마음이 너무나 올라와서, 그러나 진노의 막대기를 접을 수는 없어서 스스로를 치셨습니다.

하나님께서는 호세아 선지자와 동시대에 활동한 이사야 선지자를 통해서 "그가 찔림은 우리의 허물 때문이요 그가 상함은 우리의 죄악 때문이라 그가 징계를 받음으로 우리가 평화를 누리고 그가 채찍에 맞으므로 우리가 나음을 받았도다"(사 53:5)라고 말씀하셨습니다. 하나님의 긍휼, 십자가 이야기입니다.

이렇게 선지자들을 통해 유월절 어린양 이야기가 하나님의 어린양 곧 십자가 이야기로 묶이고 있음을 알 수 있습니다.

우리 예수님께서는 공생애 3년 동안 "하나님을 아버지라 불러야 된다.", "한 영혼이 천하보다 소중하다."라는 이야기들을 끊임없이 하시는 가운데, 하나님 나라를 완성하시기 위해 스스로 하나님의 어린양이 되셔서 하나님의 진노를 온몸에 받으셨습니다. 예수님께서 모든 사람을 용서하시기 위해 십자가를 지심으로 하나님 나라를 완성하신 것입니다. 정말 놀라운 이야기입니다.

4. '4복음서'에서 '사도행전 30년'으로 넘어가는 반전 분위기
:"너희와 모든 이스라엘 백성들은 알라"
(사도행전 4장 베드로와 요한의 스피치를 기점으로)

'4복음서'와 '사도행전 30년' 트랙의 가장 확연한 구분은 사도행전 4장에 기록된 베드로의 스피치를 통해서 일어납니다. 인류의 죄를 대속하신 예수님의 십자가 사건이 당시 예루살렘 성전을 튼튼한 기반으로 가지고 있던 대제사장 세력에게는 마치 그들의 승리처럼 보였습니다. 대제사장 세력은 예수님을 십자가에 못 박아 죽였음으로 이제 더 이상 흔들림 없이 예루살렘 성전을 기반으로 그들의 기득권을 튼튼하게 유지할 수 있게 되었다고 안심했습니다. 더군다나 예수님의 제자들이 예루살렘에서 모두 다 도망했다는 보고까지 받았으니 더욱 안심했습니다.

그런데 예수님의 제자들이 다시 예루살렘으로 모여들었습니다. 부활하신 예수님께서는 승천하시며 다시 오겠다는 약속을 주시고, 보혜사 성령님을 이 땅에 보내셨습니다. 성령님께서 임하시자 예수님의 제자들은 사도가 되어 완전히 다른 사람들이 되어버렸습니다. 그들은 참으로 담대하게 예수 그리스도를 전하며 예루살렘에 '교회'를 세웠습니다. 열리는 제자 시대의 시작입니다.

> "이에 베드로가 성령이 충만하여 이르되 백성의 관리들과 장로들아 만일 병자에게 행한 착한 일에 대하여 이 사람이 어떻게 구원을 받았느냐고 오늘 우리에게 질문한다면 너희와 모든 이스라엘 백성은 알라 너희가 십자가에 못 박고 하나님이 죽은 자 가운데서 살리신 나사렛 예수 그리스도의 이름으로 이 사람이 건강하게 되어 너희 앞에 섰느니라 이 예수는 너희 건축자들의 버린 돌로서 집 모퉁이의 머릿돌이 되었느니라 다른 이로써는 구원을 받을 수 없나니 천하 사람 중에 구원을 받을 만한 다른 이름을 우리에게 주신 일이 없음이라 하였더라"(행 4:8~12)

5. '4복음서'에 속한 성경 이야기

▶ <마태복음> 이야기

<마태복음>은 예수님의 열두 제자 가운데 한 명이었던 마태가 자신의 동족인 유대인들에게 예수님을 소개하고자 기록한 책입니다. 마태는 유대인들의 성향을 잘 알고 있었기 때문에 유대인들이 잘 이해할 수 있도록 구약성경의 지식과 배경을 통해 예수님을 소개했습니다. 당시 유대는 로마 제국의 식민지였습니다. 마태는 그런 로마 제국에 고용되어 동족 유대인들에게 세금을 거두는 세리였습니다. 때문에 그는 동족들에게 온갖 욕을 먹으며 미움을 받는 자였습니다. 그런 그에게 예수님께서 직접 찾아오셔서 제자의 길을 열어주신 것입니다. 마태는 자신이 경험한 예수님의 행적을 통해 예수님께서 참 메시아이심을 주저함 없이 선포합니다.

▶ <마가복음> 이야기

<마가복음>은 바나바의 조카 마가가 예수님께서 이 땅에서 행하신 여러 행적들을 기록하여 예수님을 증거한 책입니다. 당시 유대는 로마 제

국의 식민지였기 때문에 유대인들이 애타게 기다렸던 메시아는 로마로부터 나라를 해방시켜주는 정치적인 메시아였습니다. 그러나 마가는 메시아이신 예수님께서 병자들을 고치시고, 인생들을 변화시키시는 분임을 자세히 소개했습니다. 때문에 〈마가복음〉은 예수님의 행적을 통해 하나님께서 인생들을 얼마나 사랑하시는지를 잘 알려주는 책이라 할 수 있습니다.

▶ 〈누가복음〉 이야기

〈누가복음〉은 역사가이자 의사인 누가가 데오빌로라는 사람에게 예수님을 소개하고자 쓴 책입니다. 누가는 한 사람 데오빌로를 위해 열정적으로 예수님을 소개했습니다. 누가는 예수님의 사역을 소개하면서 〈이사야〉의 말씀처럼 예수님은 가난한 자에게 복음을 선포하고, 포로 된 자와 눈 먼 자, 그리고 눌린 자에게 복음을 전하신 분이라고 소개했습니다. 그리고 누가는 엠마오로 가는 두 제자, 삭개오, 부자와 나사로, 마리아와 마르다 이야기 등 다른 복음서에서 다루지 않은 자료들을 꼼꼼하게 모아 예수님을 증거했습니다.

▶ 〈요한복음〉 이야기

〈요한복음〉은 예수님의 제자 요한이 기록한 책입니다. 요한은 '예수님께서 하나님이신 그리스도'임을 가르쳐주며, 예수님의 말씀과 사역, 그리고 부활에 대한 깊은 내용들을 자세하게 소개했습니다. 마태, 마가, 누가와 달리 〈요한복음〉은 시작을 '태초에'로 시작하여 예수님께서 태초부터 계셨던 분임을 증거했으며, 예수님을 '말씀이 육신이 되신 분'으로 소개했습니다. 그리고 〈요한복음〉에는 "하나님은 사랑이시다."라는 하나님의 속성을 가장 정확하게 드러낸 놀라운 선언이 기록되어 있습니다.

Tong point

'4복음서'의 질문과 답

왜! 예수님은 사두개파, 바리새파보다 세리, 창기를 친구로 여기셨는가?

– 왜냐하면, 세리, 창기들이 예수님을 믿었기 때문에

여덟 번째 만남

6트랙 – 사도행전 30년

'사도행전 30년'이란?

예수님께서 부활, 승천하신 후 성령을 체험한 열두 사도들의 행적과 사도 바울의 전도여행을 기록한 30년간의 역사 기록을 말합니다. 예수님의 십자가와 부활, 승천에서부터 로마 대화재 사건이 나기 전까지 30년간은 예루살렘 성전의 대제사장 세력과 완악한 유대인들이 기독교 전파에 대해 지독하게 방해를 일삼은 기간이라 할 수 있습니다. 그럼에도 불구하고 '사도행전 30년'은 예루살렘과 온 유대와 사마리아와 땅끝까지 복음을 전하기 위한 성령의 역사가 일어난 기간입니다.

1. '사도행전 30년' 이야기 (1)
: 복음 1세대들(사도들)이 유대인의 박해 속에서 전한
하나님 나라

성경은 '기적'의 책입니다. '기적'이라는 말은 각 나라 국어사전 안에 모두 들어 있습니다. 기적은 인간 지혜의 총체인 문명으로 설명될 수 없는 말입니다.

지혜로운 인간이 일을 하면 성과를 높이 낼 수 있습니다. 지혜로운 농부는 농사를 지어서 큰 성과를 내서 어부의 먹거리까지 마련하고, 지혜로운 어부는 고기를 잡아 농부의 먹거리까지 거둡니다. 이러한 지혜들이 모여서 인간 문명을 이룹니다.

그런데 기적이란 그 문명을 넘어선 무엇이라고 설명할 수 있습니다. 그 기적의 책이 성경입니다. 성경이 기적의 책이라는 것을 온몸으로 보여 준 놀라운 사람들 가운데 사도들이 있습니다.

사도들은 예수님께서 부활 승천하신 후 30년 동안 어떻게 기적의 책 성경의 주인공이 되었을까요? 그들이 어떻게 변화되었기에 문명을 넘어서 기적의 사람이 되었을까요?

구약 시대를 지나 신약 시대로 오면 먼저 우리 예수님께서 중심이 되셔서 이끌었던 시대를 담은 '4복음서'가 있습니다. 예수님께서 부활 승천하신 후 예수님의 제자들이 사도가 되어 그 자리를 이어받아 30년 동안 시대를 이끌었습니다. 그 시대가 '사도행전 30년'입니다.

'사도행전 30년'의 주인공들은 사도들 곧 예수님께 말씀을 배운 복음 1세대들입니다. 복음 1세대들이 예수님의 십자가와 부활을 증거하며 대제사장 세력들의 종교 기반을 흔들었습니다. 그러자 대제사장 세력들은 자신들의 기득권을 놓치지 않기 위해 그들을 줄기차게 박해했습니다. '사도행전 30년'은 복음 1세대들이 이들의 박해를 뚫고 하나님 나라를 전한 이야기입니다.

2. '사도행전 30년' 이야기 (2)

: 왜! 대제사장 세력들은 스데반, 야고보를 죽이고
바울을 30년 동안 때렸는가?

'사도행전 30년'의 질문은 다소 어렵습니다. 왜! 대제사장 세력들은 스데반, 야고보를 죽이고, 바울을 30년 동안 때렸을까요?

30년 동안 폭력적인 상황이 지속되었다는 이야기입니다. 어느 순간 이성을 잃고 폭력적인 행동을 했다손 치더라도 하룻밤 자고 나면 '아 ~, 후회스럽다. 내가 왜 이렇게 폭력적이었을까?' 하고 후회하고 반성하는 존재가 인간입니다. 그런데 하물며 예루살렘 성전을 중심으로 유대 사회를 이끄는 지도자인 대제사장 세력들이 왜, 30년 동안 그렇게 살인적이고 폭력적이었을까요? 이 질문의 답이 '사도행전 30년' 안에 들어 있습니다.

그 이유는 한마디로 설명할 수 있습니다. 대제사장 세력들과 사도들이 30년 동안 대립했기 때문입니다. 서로 끝까지 물러서지 않고 대립했다는 것입니다. 언뜻 보면 대제사장 세력들과 사도들이 30년을 대립했다는 건 사실 말이 되지 않습니다.

대제사장 세력들이 로마 총독까지 이용해서 예수님을 십자가에 못 박았습니다. 로마 총독 빌라도가 대제사장 세력들의 계략을 알고 비켜 가려고 나름 여러 구실을 만들어보았지만, 그들이 쳐놓은 꼼꼼한 그물망에 꼼짝 못하고 걸려들어 결국 십자가 명령을 내릴 수밖에 없었습니다. 그런데 예수님을 죽일 때 왜 대제사장 세력들이 예수님의 제자들 열한 명은 죽이지 않았을까요?

예수님을 따르는 사람들이 당시 수만 명 이상이었을 것입니다. 하지만 수만 명에서 좁혀 들어가 보면 예수님을 따르는 핵심 멤버들은 열두 명입니다. 그 가운데 가룟 유다는 스스로 빠졌고, 남은 이들이 열한 명입니다. 예수님을 로마의 반란죄로 처형한다면 적어도 예수님을 따르는 핵심 멤버 열한 명 정도는 묶어서 처형하는 것이 일반적이라고 할 수 있습니다. 죽이진 않더라도 어디 먼 곳으로 유배를 보낸다든지, 구속을 한다든지 하는 정도의 처리는 해야 되는데 대제사장 세력들이 그렇게 하지 않았습니다. 이들이 도망갈 수 있도록 길을 일부러 열어주었다고 여겨도 무리가 없습니다.

대제사장 집에서 산헤드린 공회를 열어서 예수님을 재판했을 때 베드로가 그곳 재판정에 깊숙하게 들어왔다가 어떤 이에게 발각되는 사건이 있었습니다. 그가 베드로의 모습이나 언어를 보고 예수님과 3년 동안 함께한 핵심 멤버라고 가리켰을 때 대제사장 세력들이 베드로를 잡지 않았습니다. 그냥 도망 나가도록 놓아두었습니다. 대제사장 세력들이 왜 그랬을까요?

여러 이유가 있겠지만 쉽게 말하자면 대제사장 세력들이 예수님의 제자들의 가능성을 기대하지 않았기 때문입니다. 그들에게 예수님은 너무 월등해서 자기들의 시기를 불러일으키는 분이었지만, 예수님과 함께 다니는 열두 명의 핵심 멤버들은 도대체 어떤 가능성도 없는 사람들이었습니다. 그들은 당시의 힘이 예수님에게서 99% 혹은 100% 나오는 것이지 열두 명이 힘을 보태는 운동 에너지는 거의 1% 혹은 그 이하라고 생각했습니다. 따라서 대제사장 세력들은 예수님이 없으면 열한 명은 아무 에너지도 낼 수 없는 사람들이라고 딱 잘라서 평가했던 것입니다.

그들의 평가 기준은 당연히 문명에 따른 생각입니다. 그들이 열한 명의 제자들을 어떤 문명을 이룰 힘을 가지지 못한 사람들, 즉 인문과학적 소양이나, 자연과학적 소양이나, 사회과학적 소양이나 어떤 것도 부족한, 한마디로 어떤 성과도 낼 수 없는 사람들로 판단했기 때문에 예수님만 십자가에 못 박았던 것입니다. 그래서 열한 명을 그냥 놓아둔 것입니다.

그런데 우리 예수님께서는 시작하실 때 이미 제자가 사도가 되어 이끄는 '사도행전 30년'을 예측하셨습니다. 우리 예수님께서는 열심히 기도하고 제자들을 선택하셨습니다. 그리고 예수님께서는 제자들과 3년 동안 함께 지내시고 난 후 부활 승천하실 때 그들을 기대하셨기에 아무 미련과 아쉬움 없이 오히려 다시 오실 것을 알려주시며 평안히 올라가셨습니다.

예수님의 승천 후 일어난 기적

그 일이 있고 얼마 후 기적이 일어났습니다. 도망갔던 열한 제자가 모두 예루살렘으로 돌아왔고 심지어 한 명을 더 보완해서 열두 명의 사도로 모였습니다. 그리고 나서 그들은 그 무시무시한 예루살렘에 새롭게 둥지를 틀었습니다.

열두 명의 사도들은 그동안 대제사장 세력들이 무서워 입 다물고 있었던 이야기를 하기 시작했습니다. 게다가 베드로와 요한이 예수 이름으로 명하자 성문 미문에 앉아 구걸하던 날 때부터 못 걷던 이가 걷게 되는 기적까지 일어났습니다. 그들의 이야기가 퍼지면서 3천 명, 5천 명이 한꺼번에 열두 명을 중심으로 모여들었습니다.

예루살렘이 발칵 뒤집혀버렸습니다. 대제사장 세력들이 '어~, 이거 말이 안 되잖아.'라고 생각을 하고서 우선 베드로와 요한을 잡아들였습니다. 산헤드린 공회는 71명의 이스라엘 핵심 지도자들이 모인 곳입니다. 대제사장을 주축으로 구성된 산헤드린 공회원들은 정말 대단한 사람들입니다.

그 세력들이 베드로와 요한에게 지금의 소요 사태가 무슨 일이냐고 물었을 때 베드로가 당당하게 말했습니다. 베드로는 전혀 떨리는 기색이 없이 오히려 당당한 눈빛을 가지고 "너희 대제사장들과 장로들아 그리고 이스라엘 모든 백성들아 이 사실을 알아야 된다."라고 선언했습니다. 깜짝 놀랄 만한 일입니다.

> "너희와 모든 이스라엘 백성들은 알라 너희가 십자가에 못 박고 하나님
> 이 죽은 자 가운데서 살리신 나사렛 예수 그리스도의 이름으로 이 사람이
> 건강하게 되어 너희 앞에 섰느니라"(행 4:10)

산헤드린 공회는 베드로와 요한이 고친 병자가 함께 있는 것을 보고, 그들을 어떻게 처벌할지 방법을 찾지 못하고 우선 다시는 예수의 이름으로 말하지도 가르치지도 말라고 무섭게 위협하고 풀어주었습니다.

그랬더니 더 놀라운 일들이 계속 일어났습니다. 표적과 기사가 더 많이 일어나고, 예루살렘의 수많은 사람이 예수님의 제자들에게로 모이고 또 모였습니다. 대제사장 세력들이 다시 산헤드린 공회를 열어 사도라고 하는 예수님의 제자들을 모두 잡아들였습니다.

드디어 재판정으로 예수님의 제자들이 들어옵니다. 산헤드린 공회원들의 생각에는 열한 명이 들어와야 되는데 열두 명이 들어옵니다. 생각해 보십시오. 산헤드린 공회 그 자리는 예수님을 죽이기 위해 모두 달려들었던 자리입니다. 그러니 당연히 예수님의 제자들이 최소한 몇몇은 도망했을 것이라고 생각했는데 오히려 한 명이 더 합류하여 열두 명이 들어왔습니다. 첫째로 산헤드린 공회원들은 재판정에 선 그들의 숫자에 놀랐습니다.

그다음은 이들이 붙잡힌 채로 겁에 질려 기어서 들어와야 되는데 두 발로 당당히 걸어 들어온 것에 또 놀랍니다. 얼마 전 그 자리에 예수님께서 끌려와 죄인으로 결정되고 십자가로 처형되었잖습니까. 그 무서운 기억이 생생한데 열두 명이 그 자리에 멋있게, 당당하게 걸어 들어온 것은 산헤드린 공회 입장에서는 정말 목덜미가 뻐근해지는 충격적인 사건이었습니다.

상황은 거기에서 끝나지 않습니다. 그 자리에는 모든 백성에게 존경받는 율법교사 바리새인 가말리엘이 앉아 있었습니다. 그 정도 되는 사람은 사실 이스라엘의 율법은 물론이요. 세계 문명사에 대해서 모르는 게 없는 사람입니다. 그렇게 대단한 사람들이 모여 있는데 베드로와 사도들이 "사람보다 하나님께 순종하는 것이 마땅하니라"(행 5:29)라고 선언하며 "우리는 이 일에 증인이다."라고 당당히 말했습니다. 그들 전체를 진짜 충격 받게 하는 이야기였습니다.

"너희가 나무에 달아 죽인 예수를 우리 조상의 하나님이 살리시고 이스라엘에게 회개함과 죄 사함을 주시려고 그를 오른손으로 높이사 임금과 구주로 삼으셨느니라 우리는 이 일에 증인이요 하나님이 자기에게 순종하는 사람들에게 주신 성령도 그러하니라"(행 5:30~32)

베드로와 사도들이 선언한 이야기는 예수님께서 하나님 나라를 완성하셨다는 이야기입니다. 이 이야기를 쉽게 설명하면 이렇습니다. 예수님께서 십자가에 오르셔서 고통 끝에 숨을 거두실 때 "다 이루었다."라고 말씀하셨습니다. 다 이루었다고 말씀하시는 순간 예루살렘 성전의 휘장이 위에서 아래로 찢어졌습니다.

"이에 성소 휘장이 위로부터 아래까지 찢어져 둘이 되니라"(막 15:38)

성전의 휘장이 왜 찢어졌을까?

왜 성소의 휘장이 찢어졌을까요? 예수님께서 지르신 소리 진동의 파장으로 낡은 성전의 휘장이 찢어졌을까요? 아니면 우연의 일치일까요? 그것도 아니라면 정말 중요한 의미가 담겨 있는 사건일까요? 세 번째일 가능성이 높습니다.

그렇다면 "성전의 휘장이 왜 찢어졌을까요?"라는 말을 하기 전에 성전 휘장의 기능이 무엇인지부터 생각해볼 필요가 있습니다.

하나님께서 히브리인들의 장자를 살려주셨고, 그들에게 제사장 나라라는 나라를 주셨습니다. 제사장 나라의 핵심은 법입니다. 성경에 기록된 613개의 법은 '하라'라는 긍정형 형태의 명령과 '하지 말라'라는 부정형 형태의 명령으로 이루어진 율법입니다. 하나님께서는 율법의 핵심인 열 개의 계명을 두 돌판에 새겨주셨고, 그 돌판을 언약궤에 담도록 하셨습니다.

500여 년 동안 언약궤를 성막으로 보관해 오다가 다윗 때 성막을 대신할 성전 이야기가 시작됩니다. 성전을 짓겠다는 다윗의 소망을 하나님께서 허락하심으로 성전 건축이 시작됩니다. 하나님께서 설계도를 다윗에게 주시고, 다윗은 성전 건축을 위한 모든 준비를 하고, 솔로몬은 설계도대로 성전 건물을 지었습니다. 그렇게 완성된 건물이 예루살렘 성전입니다. 설계도대로 지어진 건물 안에 들어가 보면 큰 공간 안에 휘장으로 두 공간이 나뉘어져 있습니다. '휘장 안쪽'과 '휘장 바깥쪽'이 있는 것이지요.

휘장 안쪽은 지성소, 휘장 바깥쪽은 성소입니다. 휘장 바깥쪽 성소는 제사장들이 이스라엘 백성을 위해 하나님 앞에 제사를 드리는 곳입니다. 그런데 휘장 안쪽 지성소는 유일하게 대제사장 한 사람이 그것도 1년에 딱 한 번만 들어가는 곳입니다. 다른 사람들은 들어가는 것은 물론이고 휘장을 열고 안을 들여다보는 것까지 금지되어 있습니다. 모든 것이 금지!

그해의 대제사장만이 그것도 1년에 한 번 대속죄일에 모든 백성의 잘못을 안고 지성소 안에 들어가서 하나님의 용서를 구합니다. 많은 제사장 가운데 대제사장(high priest)은 다른 제사장들과 다른 대제사장 예복을 입고, 70명이 모여서 잔치도 하고 재판도 할 수 있는 그런 큰 집에서 살았습니다. 대제사장의 특권은 굉장했습니다. 그런데 대제사장이 그 특권과 아울러 책임을 감당해야 하는 일이 바로 1년에 한 번 죽음을 무릅쓰고 지성소 안에 들어가서 하나님의 용서를 받아내는 것입니다.

그런데 예수님께서 십자가에서 다 이루었다고 말씀하시는 순간 성전의 휘장이 둘로 찢어졌다는 것은 더 이상 대제사장이 지성소에 들어갈 이유가 없어졌다는 이야기입니다. 이 사실을 모두 알아야 된다고 베드로를 비롯한 사도들이 외쳤던 것입니다. 이제 대제사장은 언뜻 보면 실직한 것이고, 예루살렘 성전은 박물관이 되었다는 뜻입니다.

예수님께서 다 이루었다고 말씀하시는 순간, 하나님의 용서는 성소나 지성소를 통해서 이루어지는 것이 아니라 예수님의 이름을 통해서 이루어지는 것입니다. 제사장 나라가 하나님 나라 안으로 들어온 것입니다. 제사장 나라의 컨셉이 하나님 나라 안으로 모두 수렴된 것입니다.

제사장 나라가 하나님 나라로 수렴

제사장 나라의 핵심 컨셉인 하나님의 용서, 이웃과의 나눔, 민족 간에 평화라는 내용이 예수님의 십자가를 통해 하나님을 아버지라 부르는 그 사람은 천하보다 소중한 영혼이라는 하나님 나라의 핵심 컨셉 안으로 모두 들어옵니다.

그래서 베드로와 사도들이 "대제사장이여, 당신의 역할이 끝났습니다. 하나님의 용서는 성전을 통해서 이루어지는 게 아니라 예수 이름을 통해서 이루어지는 것입니다. 이제 교회로 갑시다."라는 이야기를 외친 것입니다. 대제사장 세력들은 사도들의 이야기가 첫째 듣고 싶지도 않았고, 둘째 알고 싶지도 않았고, 셋째 이 사실이 밖으로 전해지는 것은 절대 막고 싶었습니다. 몹시 화가 난 대제사장 세력들은 이 같은 생각이 한 사람에게라도 더 퍼져가는 것을 막기 위해서 엄청난 행동을 하기 시작합니다. 스데반과 야고보를 가차 없이 죽음에 이르게 했고. 온 세상을 향해 예수 이야기를 전하는 사도 바울을 30년 동안 40에 하나 감한 매를 다섯 번이나 때렸습니다. 이렇게 폭력적인 이야기가 '사도행전 30년' 동안 진행됩니다.

사도 바울 이야기

대제사장들과 사도들의 대립과 함께 '사도행전 30년'에 등장하는 대표적인 사람, 사도 바울의 이야기가 시작됩니다.

사도 바울은 어떤 사람입니까? 쉽게 말하면 그는 40에 하나 감한 매를

30년 동안 맞아도 자기주장을 굽히지 않았던 사람입니다. 어지간한 사람은 보통 상대의 눈빛, 상대의 겉모습만 보고도 두려워서 자기의 주장을 철회해버립니다. 그런데 39대씩 태장을 5번이나 30년에 걸쳐서 맞는데도 직진만 하는 사람이 사도 바울입니다.

이 사람이 처음에는 예수님을 몰랐습니다. 복음 전파에 열심이 특심인 그가 처음에는 대제사장의 하수인이었습니다. 그는 바리새파 유대인으로 태어날 때부터 그 대단한 로마 시민으로 태어났습니다. 지금의 미국 시민보다 2-300배 특권을 가진 대단한 시민이 당시의 로마 제국 시민입니다. 게다가 그는 이스라엘 역사에서 에스라, 힐렐과 함께 위대한 3대 지식인 중에 한 명으로 꼽히는 가말리엘 밑에서 율법 교육을 철저히 받아서 유대인의 정체성과 인문과학, 사회과학, 자연과학 문명의 총체성을 다 섭렵한 슈퍼 엘리트였습니다.

그런 사람을 대제사장 세력들은 행동 대원으로 데리고 있었습니다. 당시 대제사장의 세력이 얼마나 센지 짐작이 가시지요. 이런 똑똑한 사람이 자발적으로 대제사장을 찾아가서 "당신이 섬기는 예루살렘 성전과 성전 중심의 유대 공동체를 지키는 데 제가 행동 대원 노릇을 하겠습니다. 제가 다메섹으로 가서 유대 공동체를 해하는 사람을 잡아 제2의 스데반으로 만들겠습니다. 공문서를 주십시오." 이렇게 자발적으로 요청했습니다. 당시 사울이라는 이름을 가진 그가 다메섹으로 온다니 다메섹 사람들이 화들짝 긴장했습니다.

그런 사울이 다메섹으로 달려가는 도중에 우리 예수님께서 "사울아 사울아 네가 왜 나를 박해하느냐?"라고 물으셨습니다.

> "내가 땅에 엎드러져 들으니 소리 있어 이르되 사울아 사울아 네가 왜 나를 박해하느냐 하시거늘"(행 22:7)

사울이 "주여 누구시니이까?"라고 묻자, 예수님께서 "나는 네가 박해하는 예수라."라고 답해주셨습니다. 그러자 사울이 순간 깜짝 놀라서 주저앉아 버립니다. 무슨 이야기입니까? 충격을 받았다는 것입니다.

구약성경의 모든 율법과 선지자의 이야기가 스데반의 말처럼 하나님의 어린양 예수님에 관한 이야기였음을 그 순간 사울이 깨달은 것입니다. 사울이 그동안 자신이 옳지 않다고 생각한 이야기가 결국은 옳았다는 것을 그 순간 깨달았습니다.

사울이 워낙 월등하게 구약성경을 공부해놓았는지라, 예수님으로 구약성경의 율법과 선지자가 다 함축되어 있음을 그 순간 알아버린 것입니다. 그날의 충격이 너무나 커서 눈이 안 보일 정도였습니다.

그 충격을 딛고 일어나서 사울은 사도 바울이 되어 '예수님을 주'라고 선언하고 30년 동안 끊임없이 1차, 2차, 3차 전도여행과 예루살렘 여행을 통해 복음을 전했습니다. 그 이야기가 〈사도행전〉의 대표적인 이야기입니다.

우리는 대체로 열심히 하다가 주저앉은 아쉬운 기억들을 가지고 있습니다. 그러나 바울에게는 슬럼프라는 것이 없었습니다. 바울은 구약 성경 전체의 튼튼한 지식 바탕 위에서 하나님의 어린양 예수님을 통한 구원 사건을 정확하게 이해했습니다. 그래서 그의 구원의 확신은 결코 흔들리지 않았습니다. 뿌리가 깊지 못하면 바람이 불어도 흔들리고, 누가 툭 치고 가도 흔들립니다. 그러나 뿌리가 깊게 박히면 천둥 번개가 쳐도 요동하지 않습니다. 바울은 예수님께 뿌리가 깊이 박힌 '예수의 사람'이었습니다.

그렇게 30년 동안 수많은 핍박을 받았음에도 바울은 지치지도 끓지도 않고 예수님의 이야기를 전하고 또 전했습니다. 결국 대제사장 세력들은 반드시 바울을 죽여야겠다고 결심하고 40명의 자객들까지 준비했습니다.

이때 바울은 로마 제국의 도움으로 이 위기를 벗어나야 되겠다는 생각을 하고 자신이 로마 시민인 것을 밝힙니다. 그러자 로마의 천부장이 자신이 데리고 있는 천 명의 병력 가운데 보병 200명, 기병 70명, 창병 200명, 해서 470명을 동원해서 예루살렘의 소요 상태에서 로마 시민 바울을 구해서 로마 총독이 주둔하고 있는 가이사랴로 보냅니다.

비록 가택연금 상태였지만, 로마 총독의 보호 속에서 2년을 보낸 로마 시민 바울은 그곳에서 1차 재판을 끝낼 수 있음에도 불구하고, 예루살렘으로 돌아가지 않고 로마로 가기 위해 로마 시민권을 이용해서 로마 황제의 재판을 받길 원합니다.

바울은 지난 30년의 유대교와 기독교의 갈등을 이제 로마 황제 재판을 통해서 정리할 필요성을 느꼈고, 세상 끝까지 복음을 전하기 위해 로마행을 결정합니다. 바울이 로마 황제 재판을 청구하여 로마로 건너간 이야기로 '사도행전 30년'이 마감됩니다.

3. '사도행전 30년'의 분위기
: 하나님 나라가 땅끝까지 전파되는 분위기

'사도행전 30년'은 '대제사장들과 사도들의 대립 속에서 하나님 나라가 땅끝까지 전파'되는 분위기입니다.

예루살렘 성전 중심의 대제사장들은 당시 로마 제국 전역에 흩어져 살고 있던 디아스포라 유대인들이 유대인의 명절(유월절, 오순절, 초막절)에 1년에 3번, 혹은 최소한 1번이라도 방문해서 예루살렘 성전에 바치는 십일조를 통해 어마어마한 부를 축적하고 있었습니다. 때문에 당시 로마 황제나 로마 총독, 심지어 분봉 왕 헤롯까지도 예루살렘 성전의 대제사장 세력들을 무시할 수 없었습니다.

대제사장 세력들은 나사렛의 목수 아들인 예수라는 자가 나타나 온 백성의 마음을 사로잡고 자신이 하나님의 아들이라고 말하자 이를 절대 수용할 수 없었습니다. 그래서 대제사장들이 로마를 앞세워 예수님을 십자가에 처형시켰던 것입니다. 그런데 예수의 제자들이 사도가 되어,

예수가 부활했다는 것과 그가 다시 오실 것임을 거침없이 알리고, 성도들의 모임인 예루살렘 교회를 세웠습니다.

예수님을 십자가에 못 박아 죽게 했던 예루살렘의 대제사장들은 그들의 기득권을 유지하기 위해 이제 예수님의 제자들인 사도들을 무너뜨려야 했습니다. 앞서 설명한 대로 예수님의 십자가 사건으로 움츠러들었던 예루살렘의 공기가 사도행전 4장을 기점으로 바뀐 것입니다. 역동적인 그리스도인들의 출현입니다. 그때로부터 대제사장 세력들은 오히려 사도들과 초기교회를 두려워하며 위협하고 스데반을 죽이고, 야고보를 죽음에 이르게 하는 등 노골적으로 박해를 시작합니다. 그러나 그리스도인들은 예전처럼 도망하지 않습니다. 예수님의 말씀에 따라 예루살렘과 온 유대와 사마리아와 땅끝까지 복음을 전하기 시작한 것입니다.

> "이것이 민간에 더 퍼지지 못하게 그들을 위협하여 이 후에는 이 이름으로 아무에게도 말하지 말게 하자 하고 그들을 불러 경고하여 도무지 예수의 이름으로 말하지도 말고 가르치지도 말라 하니 베드로와 요한이 대답하여 이르되 하나님 앞에서 너희의 말을 듣는 것이 하나님의 말씀을 듣는 것보다 옳은가 판단하라 우리는 보고 들은 것을 말하지 아니할 수 없다 하니 관리들이 백성들 때문에 그들을 어떻게 처벌할지 방법을 찾지 못하고 다시 위협하여 놓아 주었으니 이는 모든 사람이 그 된 일을 보고 하나님께 영광을 돌림이라"(행 4:17~21)

"사도들은 그 이름을 위하여 능욕 받는 일에 합당한 자로 여기심을 기뻐하면서 공회 앞을 떠나니라 그들이 날마다 성전에 있든지 집에 있든지 예수는 그리스도라고 가르치기와 전도하기를 그치지 아니하니라"(행 5:41~42)

때문에 '사도행전 30년'의 분위기는 예루살렘 성전을 중심으로 한 대제사장들과 예루살렘 교회를 중심으로 한 사도들이 한판 전쟁을 하는 것 같습니다. 그러면서 유대교를 믿는 유대인들이 기독교인들의 전도를 방해하는 내용이 전개됩니다. 유대교의 기독교 전도 방해로 말미암아 예수님의 제자 야고보와 일곱 일꾼 가운데 한 명인 스데반이 순교하고, 회심한 사도 바울이 많은 고난을 겪은 것입니다.

4. '사도행전 30년'에서 '공동서신 9권'으로 넘어가는 반전 분위기

: "나의 떠날 시각이 가까웠도다"(디모데후서 4장 바울의 유언을 기점으로)

'사도행전 30년'과 '공동서신 9권' 사이에는 A.D.64년 로마 대화재 사건이 있습니다. 로마 대화재 사건을 기점으로 기독교는 유대교를 넘어 이제 로마 제국으로부터 박해를 받기 시작합니다. '사도행전 30년' 동안 유대교 유대인들의 방해가 있었다면, '공동서신 9권'에는 로마 제국의 박해가 더해졌다고 구분할 수 있습니다.

이 어려운 시점이 시작될 때 바울은 오히려 믿음의 아들 디모데에게 "나는 선한 싸움을 싸우고 달려갈 길을 마치고 믿음을 지켰으니, 의의 면류관을 받을 것이다."라고 놀라운 선언을 하며 신앙을 계승했습니다.

> "그러나 너는 모든 일에 신중하여 고난을 받으며 전도자의 일을 하며 네
> 직무를 다하라 전제와 같이 내가 벌써 부어지고 나의 떠날 시각이 가까웠
> 도다 나는 선한 싸움을 싸우고 나의 달려갈 길을 마치고 믿음을 지켰으니

이제 후로는 나를 위하여 의의 면류관이 예비되었으므로 주 곧 의로우신 재판장이 그 날에 내게 주실 것이며 내게만 아니라 주의 나타나심을 사모하는 모든 자에게도니라"(딤후 4:5~8)

"그러나 너는 배우고 확신한 일에 거하라 너는 네가 누구에게서 배운 것을 알며 또 어려서부터 성경을 알았나니 성경은 능히 너로 하여금 그리스도 예수 안에 있는 믿음으로 말미암아 구원에 이르는 지혜가 있게 하느니라 모든 성경은 하나님의 감동으로 된 것으로 교훈과 책망과 바르게 함과 의로 교육하기에 유익하니 이는 하나님의 사람으로 온전하게 하며 모든 선한 일을 행할 능력을 갖추게 하려 함이라"(딤후 3:14~17)

5. '사도행전 30년'에 속한 성경 이야기

〈사도행전〉과 바울 서신을 함께 읽어야 하는 이유와 방법

〈사도행전〉은 크게 두 부분으로 나뉩니다. 전반부는 예루살렘을 중심으로 예수님의 제자들인 열두 사도들의 사역이고, 후반부는 사도 바울을 중심으로 복음이 소아시아와 유럽으로 퍼져가는 내용입니다. 특히 후반부 바울의 사역은 바울의 전도여행과 그의 복음 편지들을 역사순으로 함께 읽어야 보다 생동감 있게 공부할 수 있습니다. 왜냐하면 바울이 전도여행을 하면서 동시에 그때그때 상황에 맞는 편지를 여러 곳으로 써서 보냈기 때문입니다.

바울은 바나바와 함께한 1차 전도여행 기간에는 편지를 쓰지 않았습니다. 바울의 편지는 2차 전도여행부터 시작한다는 것을 염두에 두고 살펴보면 됩니다. 그럼, 먼저 1차 전도여행의 여정을 살펴보면 다음과 같습니다.

바울의 1차 전도여행(약 2년간) 여정

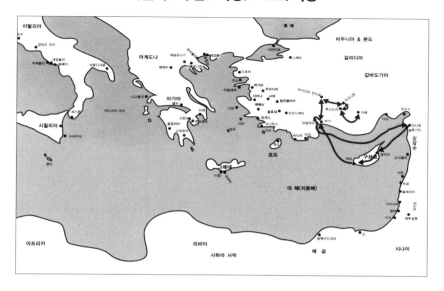

수리아 안디옥 → 실루기아 → 구브로섬의 살라미 → 바보 → 버가 → 비시
디아 안디옥 → 이고니온 → 루스드라 → 더베 → 루스드라 → 이고니온 →
비시디아 안디옥 → 버가 → 앗달리아 → 수리아 안디옥

안디옥 교회의 파송을 받아 바울과 바나바는 1차 전도여행을 시작했습
니다. 처음에는 회당을 중심으로 유대인들을 향해 복음을 전했지만, 점
차 이방인들을 향해서 사역했습니다. 그들은 약 2년 동안 소아시아 지
역에서 복음을 전한 뒤 안디옥으로 돌아왔습니다. 전도여행 보고와 함
께 안디옥 교회에 생긴 할례 문제를 놓고 열린 예루살렘 공회에서 오직
구원은 십자가로 충분하다는 결정을 내림으로 본격적인 이방인 선교가
가능해졌습니다. 또한 예루살렘 공회가 바울을 바나바와 같은 사랑받

는 형제로 결의함으로 바울은 독자적으로 새로운 동역자들과 함께 팀을 꾸릴 수 있게 되었습니다.

그후 바울이 실라와 함께 떠난 2차 전도여행의 여정은 다음과 같습니다.

바울의 2차 전도여행(약 3년간) 여정

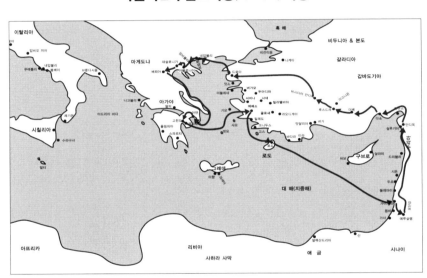

수리아 안디옥 → 다소 → 더베 → 루스드라 → 비시디아 안디옥 → 드로아 → 네압볼리 → 빌립보 → 암비볼리 → 아볼로니아 → 데살로니가 → 베뢰아 → 아덴 → 고린도 → 겐그레아 → 에베소 → 로도 → 가이사랴 → 예루살렘 → 수리아 안디옥

바울은 2차 전도여행 중 고린도에서 1년 반을 머물렀습니다. 그때 바울은 데살로니가 교회에 편지를 써서 보냈습니다. 그 편지가 〈데살로니가전 · 후서〉입니다. 데살로니가는 바울이 겨우 3주밖에 머물지 못하고 완악한 유대인들에 의해 쫓겨난 곳이었습니다. 그런데 그곳에 교회가 세워졌다는 소식을 전해 들은 바울이 무척 반가운 마음으로 복음 편지를 써서 보낸 것입니다.

그리고 바울은 갈라디아 지방에도 편지를 써 보냅니다. 갈라디아 지방은 바울이 1차 전도여행 때에 방문한 곳으로 2차 전도여행을 시작하면서 또다시 들른 곳입니다. 그런데 갈라디아 여러 교회에 거짓 복음(할례와 율법을 통해야 구원받을 수 있다)이 들어왔고, 이에 현혹된 성도들이 생겨났다는 소식이 들려왔습니다. 이에 바울은 오직 믿음으로 구원받는다는 내용을 적은 편지 〈갈라디아서〉를 써서 갈라디아 지방에 있는 여러 교회에 보냈습니다.

2차 전도여행을 마친 바울은 또다시 3차 전도여행을 떠납니다. 바울 팀이 떠난 3차 전도여행과 예루살렘 여정은 다음과 같습니다.

바울의 3차 전도여행과 예루살렘(약 4년간) 여정

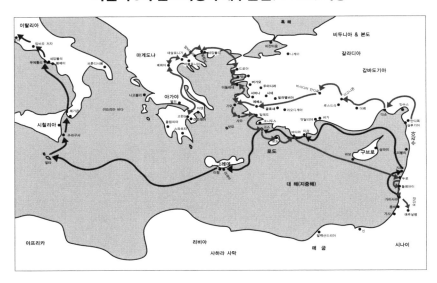

안디옥 → 에베소 → 고린도 → 빌립보 → 드로아 → 앗소 → 미둘레네 → 기오 → 사모 → 밀레도 → 고스 → 로도 → 바다라 → 두로 → 돌레마이 → 가이사랴 → 예루살렘

바울은 3차 전도여행 때 주로 에베소 지역에 머무르면서 제자들을 집중적으로 길러냈습니다. 그런데 그곳에서 바울은 2차 전도여행 중에 방문했었던 고린도 교회에 여러 문제들이 발생했다는 소식을 전해 듣고 〈고린도전·후서〉를 써서 고린도 교회에 보냈습니다. 바울은 〈고린도전·후서〉를 보내고 얼마 후 곧바로 고린도 교회로 달려갔습니다. 편지로 못다 전한 복음을 더욱 확실하게 전하고 교회를 든든히 서게 하기 위함이었습니다.

바울은 고린도에서 3개월간 머물면서 〈로마서〉를 써서 로마 교회로 보냈습니다. 3차 전도여행 후에 예루살렘을 방문하고 나서 로마 교회의 도움을 받아 당시 땅끝으로 여긴 서바나(스페인)로 복음을 전하러 가기 위한 계획을 세웠기 때문입니다.

그런데 3차 전도여행 이후 바울은 예루살렘에 방문했다가 가이사랴에서 2년, 그리고 로마로 압송되어 또 2년, 이렇게 총 4년간을 갇히게 됩니다. 바울은 로마에서 갇힌 중에도 편지를 썼습니다. 그 편지들을 옥중서신이라 부릅니다. 옥중서신은 총 4편인데 〈에베소서, 빌립보서, 골로새서, 빌레몬서〉입니다.

바울은 이후에 디모데와 디도에게 복음 편지를 써서 보냈습니다. 당시 바울은 로마에서 잠시 연금 상태에서 풀려나 다소나마 자유를 누릴 수 있었던 것 같습니다. 디모데와 디도에게 보낸 목회 편지가 바로 〈디모데전서〉와 〈디도서〉입니다.

그런데 A.D.64년에 로마에 대화재 사건이 발생하면서 방화범으로 기독교인들이 지목되었습니다. 그러자 바울이 자신의 죽음이 임박했음을 알고 유언과 같은 편지를 써서 디모데에게 보냈습니다. 그렇게 〈디모데후서〉는 바울의 마지막 편지가 되었습니다.

▶ **<사도행전> 이야기**

〈사도행전〉은 〈누가복음〉의 저자 누가가 데오빌로에게 보낸 두 번째 복음 편지입니다. 〈누가복음〉이 예수님의 이야기를 담았다면, 〈사도행전〉은 예수님의 승천 이후 복음이 예루살렘으로부터 땅끝으로 전파되는 과정을 알려주기 위해 기록한 편지입니다. 〈사도행전〉에는 예수님의 제자들이 사도가 되어 초기교회를 책임지는 행적들과 바울을 통해 복음이 이방인들에게까지 퍼져나간 행적들이 기록되어 있습니다. 의사이자 역사가인 누가는 경계를 넘어 복음이 세계로 확장되어가는 모습을 그림을 그리듯이 생생하게 기록하여 편지했습니다.

▶ **<데살로니가전·후서> 이야기**

〈데살로니가전 · 후서〉는 바울이 데살로니가 교회에 보낸 두 통의 편지입니다. 바울은 2차 전도여행 당시 고린도에서 1년 6개월간 머문 적이 있습니다. 그런데 그곳에서 데살로니가 교회에 대한 소식을 들은 것입니다. 데살로니가는 바울 일행이 2차 전도여행 중에 그곳 완악한 유대인들에 의해 쫓겨났던 곳인데, 3주간밖에 머물지 못했던 그곳에 교회가 세워졌다는 것입니다. 그래서 바울이 편지로 데살로니가 교회 성도들에게 아직 다 전하지 못한 예수 그리스도에 관한 복된 소식을 적어 보냈습니다.

▶ **<갈라디아서> 이야기**

〈갈라디아서〉는 바울이 갈라디아 지방, 즉 루스드라, 더베, 이고니온 등의 지역에 세워진 교회들에게 보낸 편지입니다. 바울은 1차 전도여행 중 갈라디아 지방을 방문해 복음을 전했고, 2차 전도여행 중에도 이지역을 통과하면서 다시 방문하여 교회를 든든히 세워놓았습니다. 그리고 계속해서 전도여행을 이어가고 있었는데, 갈라디아 지방에 거짓 복음이 들어갔다는 소식이 들려왔습니다. 그러자 바울은 자신이 전한 대로 오직 예수 그리스도를 믿는 믿음으로 구원받는다는 사실을 편지로 적어 보내 그곳 성도들을 믿음으로 다시 일으켜 세웠습니다. 〈갈라디아서〉는 비교적 바울의 사역 초기에 쓴 편지로 기록된 정확한 시기는 알 수 없습니다.

▶ 〈고린도전·후서〉이야기

〈고린도전·후서〉는 바울이 2차 전도여행 중에 방문했던 항구 도시 고린도(코린트)에 보낸 편지입니다. 바울은 고린도에 3통의 편지를 보냈습니다. 첫 번째 편지는 〈고린도전서〉라 할 수 있는데, 그 편지를 받고도 고린도 교회의 여러 문제가 해결되지 않자 고린도후서 10장에서 13장까지를 보냈고, 세 번째로 고린도후서 1장에서 9장까지를 보냈습니다. 〈고린도전·후서〉는 교회에서 발생할 수 있는 수많은 문제가 한 꺼번에 일어난 고린도 교회에 대해 바울이 어느 것 하나 포기하지 않고 일일이 문제들을 모두 해결하는 모습을 보여줍니다. 〈고린도전·후서〉를 통해 성도들을 끝까지 사랑하고 지키는 바울의 지극한 헌신을 볼 수 있습니다.

▶ <로마서> 이야기

<로마서>는 바울이 3차 전도여행이 끝날 무렵 에베소를 떠나 고린도에서 약 3달 정도 머물렀던 기간에 로마 교회에 보낸 편지입니다. 바울은 3차 전도여행을 마치고 잠시 예루살렘을 방문한 후에 로마 교회에 들러 로마 교회의 후원을 받아 당시 사람들에게 땅끝으로 알려져 있는 서바나(스페인)에 복음을 전하러 가고 싶었습니다. 지금까지의 전도여행은 안디옥 교회의 기도 후원으로 충분했지만, 서바나까지 가기 위해서는 로마 교회의 후원과 도움이 필요했습니다. 그래서 바울은 아직 얼굴로 대면조차 하지 않은 로마 교회의 성도들에게 자신을 소개하고, 율법과 복음의 관계, 유대인과 헬라인의 관계, 그리고 그리스도인은 어떻게 살아야 하는가? 하는 문제 등을 적어 보냈습니다. <로마서>는 바울 서신 가운데 복음에 대해 가장 체계적으로 설명한 책으로 '바울 복음서'라고까지 불립니다.

▶ <에베소서> 이야기

<에베소서>는 바울이 로마 감옥 안에서 에베소 교회에 보낸 편지입니다. 바울은 3차 전도여행 후 예루살렘을 방문했다가 그곳에서 유대인들과의 충돌로 인한 문제로, 가이사랴에서 2년, 로마로 압송되어 2년, 총 4년에 걸쳐 옥고를 치릅니다. 이때 바울은 <에베소서>를 비롯하여 <빌립보서>, <골로새서>, <빌레몬서>라는 4편의 옥중서신을 썼습니다. <에베소서>는 일생을 바쳐 교회들을 위해 일했던 바울이 에베소 교회 성도들에게 교회가 무엇인지 자세히 알려주기 위해 쓴 편지입니다.

때문에 〈에베소서〉는 '교회론'을 정리한 책이라 할 수 있습니다.

▶ <빌립보서> 이야기

〈빌립보서〉는 바울이 로마 감옥 안에서 빌립보 교회에 보낸 편지입니다. 〈빌립보서〉는 바울이 감옥 안에 갇혀 있음에도 불구하고 빌립보 교회로 인해 기뻐하는 내용을 담고 있습니다. 빌립보 교회는 바울이 2차 전도여행 중 유럽으로 건너가 처음으로 전도한 곳으로, 바울과 사적으로 깊은 관계를 맺으며 가족처럼 지내고 있는 교회였습니다. 바울이 감옥에 갇혔다는 소식을 전해 듣고 빌립보 교회 성도들이 크게 걱정했습니다. 이에 바울은 자신을 걱정하는 빌립보 교회 성도들을 위로하고 복음에 더욱 든든히 서도록 격려하기 위해 이 편지를 써서 보냈습니다.

▶ <골로새서> 이야기

〈골로새서〉는 바울이 로마 감옥 안에서 골로새 교회에 보낸 편지입니다. 〈골로새서〉는 예수님이 어떤 분인지를 자세히 설명하고 있습니다. 바울은 이 편지를 통하여 예수 그리스도 한 분만으로 충분하다는 사실과 예수 그리스도만으로 부족함이 없음으로 헛된 규례나 철학들은 필요치 않다고 강조했습니다. 당시 골로새 지역에 유대교 전통과 헬라 사상, 그리고 영지주의를 비롯한 이단들이 들어와 있었기 때문입니다. 〈에베소서〉가 교회에 관한 '교회론'이라면, 〈골로새서〉는 예수 그리스도에 관한 '기독론'이라 할 수 있습니다.

▶ <빌레몬서> 이야기

〈빌레몬서〉는 바울이 자신의 제자 빌레몬에게 보낸 1장으로 된 기적의 편지입니다. 바울은 로마 감옥 안에서 자신의 제자 빌레몬이 사는 곳에서 멀리 로마까지 도망 나온 빌레몬의 노예 오네시모를 만나게 되었습니다. 당시 로마 법에 의하면 도망 나온 노예는 잡히면 죽음을 면하기 어려웠습니다. 바울은 오네시모를 위해 제자 빌레몬에게 편지 한 통을 써서 두기고와 함께 오네시모를 돌려보냈습니다. 편지의 내용은 오네시모를 종이 아닌 형제로 받아들여 달라는 당부였습니다. 당시 시대 상황에서는 상상도 할 수 없는 일이었습니다. 그런데 놀랍게도 예수 그리스도 안에서는 이와 같이 사회적 체제를 뛰어넘는 일까지도 가능했습니다.

▶ <디모데전서> 이야기

〈디모데전서〉는 바울이 믿음의 아들 디모데에게 교회가 무엇이고 목회가 무엇인지 알려주기 위해 써 보낸 편지입니다. 디모데는 당시 에베소 교회를 섬기고 있었는데 바울은 디모데의 목회 사역을 돕기 위해 아버지와 같은 마음으로 이 편지를 써서 보냈습니다. 바울은 몸이 약한 디모데를 걱정하는 마음으로 몸을 돌보며 목회할 것을 조언하고, 힘내서 선한 싸움에서 끝까지 승리하라고 힘을 북돋아줍니다.

▶ <디도서> 이야기

〈디도서〉는 바울이 당시 그레데(크레타)섬에서 목회하고 있던 디도에게 써 보낸 편지입니다. 그레데섬 사람들은 유난히 거짓말을 잘하는 사람들로 유명했습니다. 그만큼 서로 간의 불신도 심했습니다. 그런 곳에서 목회하고 있는 젊은 목회자 디도에게 바울은 따뜻한 사랑의 격려와 함께 지도자의 덕목으로 관용과 온유를 가르쳐주었습니다. 바울은 디모데에게와 같이 디도에게도 '나의 참 아들'이라는 애정 어린 호칭을 사용했습니다. 바울이 믿음의 아들이자 후배들인 그들을 그만큼 아끼고 사랑했던 것입니다.

▶ <디모데후서> 이야기

〈디모데후서〉는 디모데에게 보낸 바울의 유언과 같은 편지입니다. 바울은 로마 감옥에서 잠시 풀려나 니고볼리 집회를 준비하고 있었습니다. 그런데 A.D.64년에 로마 시내에 대화재 사건이 발생했습니다. 로마의 네로 황제가 로마 대화재 사건의 방화범으로 기독교인들을 지목했고, 이로 인해 강력한 핍박이 기독교에 가해질 것이라는 소식이 전해졌습니다. 바울은 이 사건을 두고 죽음을 직감합니다. 그래서 급하게 유언과 같은 편지를 믿음의 아들 디모데에게 써서 보낸 것입니다. 그런데 편지의 내용은 놀랍게도 죽음에 대한 두려움이 아니라, 하나님께 받을 면류관에 대한 기대와 기쁨을 말하며 디모데도 선한 싸움을 잘 싸워 승리하고 더 열심히 주의 복음을 전하는 일에 매진하라는 내용이었습니다. 참으로 멋진 복음 전도자의 편지입니다.

'사도행전 30년'의 질문과 답

왜! 대제사장 세력들은 스데반, 야고보를 죽이고 바울을 30년 동안 때렸는가?

– 왜냐하면, 사도들이 대제사장의 역할이 끝났다고 주장했기 때문에

아홉 번째 만남

7트랙 – 공동서신 9권

'공동서신 9권'이란?

〈히브리서〉, 〈야고보서〉, 〈베드로전·후서〉, 〈유다서〉, 〈요한일·이·삼서〉, 〈요한계시록〉은 '사도행전 30년' 이후, 본격적으로 로마 제국이 기독교에 대한 박해를 시작하자, 복음 1세대 지도자들이 복음 2세대에게 쓴 9권의 편지들을 일컫습니다.

'사도행전 30년' 기간에는 유대인들의 방해로 기독교가 많은 어려움을 겪었습니다. 그런데 A.D.64년에 일어난 로마 대화재 사건으로 이제 기독교에 대한 박해는 유대인들의 방해에 로마 제국의 박해가 더해진 심각한 상황이 되었습니다. 그러자 기독교인들이 유대교로 돌아가려고 하기도 하고, 또 그 당시 발생한 영지주의를 비롯한 이단에 빠지는 등 큰 혼란을 겪게 되었습니다. 이를 바로잡고 믿음에 굳건히 서게 하기 위해 쓴 복음 1세대 지도자들의 편지, '공동서신 9권'은 오늘 우리에게도 큰 힘이 됩니다.

1. '공동서신 9권' 이야기 (1)
: 복음 2세대들이 로마 제국의 박해 속에서
전파한 하나님 나라

마지막 이야기로 '공동서신 9권' 이야기를 살펴보겠습니다.

성경은 하나님께서 우리를 사랑하신 사랑 이야기입니다. 하나님께서는 약간씩 다른 공기의 흐름을 가지고 우리에 대한 사랑 이야기를 풀어내주셨습니다. 그 마지막 이야기는 '공동서신 9권' 이야기입니다. 말 그대로 모든 사람이 읽을 수 있도록 편지로 주신 책 9권이 묶여 있다는 뜻입니다.

구약성경에서도 편지의 쓰임새를 다양하게 볼 수 있습니다. 예를 들어 예레미야 선지자가 예루살렘에서 바벨론으로 편지를 보낸 이야기가 있습니다.

남유다 백성들 만여 명이 바벨론 제국의 강압에 의해서 끌려갔습니다.

당연히 그곳에서 바벨론 포로로 사는 삶이 행복하지 않았습니다. 그때 예레미야가 그들에게 편지를 보내 희망을 일구었습니다. 그들 만여 명의 사람들을 비롯해 이후에 끌려온 더 많은 사람들이 예레미야의 편지를 읽으면서 바벨론 제국의 70년의 압박을 이겨내고 유대인으로 탄생합니다.

신약성경의 편지 이야기는 대체로 로마 제국과 묶입니다. 예수님의 3년 공생애의 기간과 이후 사도들이 30년 동안 활동했던 '사도행전 30년' 기간에는 로마 제국이 기독교를 핍박의 대상으로 삼지 않았습니다.

하지만 A.D.64년 로마 대화재 사건을 기점으로 로마 제국이 기독교를 핍박의 대상으로 삼습니다. 구약성경에서 바벨론 제국은 남유다에서 끌어간 사람들을 70년 동안 압박했지만. 로마 제국은 기독교를 약 250년 동안 압박합니다.

하지만 기독교는 로마 제국에 승리합니다. 어떻게 이겼을까요? 여기에 '공동서신 9권'이 아주 중요한 역할을 했습니다.

우리는 편지 하면 "말없이 건네주고…"하는 어느 노랫말 정도를 떠올립니다. 그 정도의 편지는 우리가 개인적으로 많이들 경험하며 삽니다. 하지만 성경 안에서의 편지는 개인과 가정과 민족이 70년 혹은 250년 동안 가해지는 현실적 압박을 딛고 일어서게 하는, 상상을 초월하는 힘을 가지고 있습니다. 한마디로 기적의 편지입니다. 그 기적의 편지들이 성경에 있다는 이야기이고, 우리는 '공동서신 9권'을 기적의 편지라는 측면에서 살펴볼 것입니다.

먼저 '공동서신 9권'이 무엇이냐는 질문에서 시작해보겠습니다. '공동서신 9권' 범위에 해당하는 성경은 〈히브리서, 야고보서, 베드로전·후서, 유다서, 요한 일·이·삼서, 요한계시록〉입니다.

이 책들은 시기적으로 보면 A.D.64년 이후에 로마와 기독교가 대결하는 가운데 주로 쓰인 책입니다. 물론 〈야고보서〉는 그 이전에 쓰였지만, 내용상 '공동서신 9권'에 묶어서 보겠습니다.

'공동서신 9권'은 다가오는 로마 제국의 박해 속에서 하나님 나라를 전파하며 고난을 받고 때로는 순교까지 이르는 상황에 처한 복음 2세대를 위해 쓴 복음 1세대 지도자들의 편지입니다. 복음 1세대 지도자들은 복음 2세대가 고난의 시대를 믿음으로 바라볼 수 있도록 격려하고 용기 있게 신앙을 지키도록 가르치며 사명을 감당합니다.

2. '공동서신 9권' 이야기 (2)
: 왜! 로마는 470명의 군인을 동원해 바울을 경호해주다가 죽였는가?

A.D.64년 로마 대화재 사건을 기점으로 기독교는 왜 로마 제국과 극단적인 대립 상황이 되었을까요? 이에 관한 질문을 하나 해보겠습니다. 왜? 로마 제국은 470명의 군인을 동원해서 제국의 시민인 바울을 보호해주다가 죽었을까요? 그 이야기 속으로 들어가 보겠습니다.

앞에서 살펴본 대로 예수님께서 십자가를 지시고 난 후 기독교와 유대교가 뚜렷하게 구별되었고, 구별된 기독교와 유대교는 '사도행전 30년'이라는 긴 시간 동안 끊임없이 대립했습니다.

대제사장 세력들은 기독교를 적대적으로 대했습니다. 스데반을 죽이고, 야고보를 죽음에 이르게 했고, 사도 바울을 기독교인이라는 이유로 40에 하나 감한 매를 다섯 번이나 때렸습니다. 대제사장 세력들이 이끄는 유대교는 기독교를 적대화하여 지속적으로 폭력을 가했고, 살인을 마다하지 않았습니다. 그렇게 30여 년의 시간을 보내는 동안 바울은 그들의 핍박으로부터 피해 다녀야 했습니다. 그러다 바울이 결정적으로 유대교의 살해 압박으로부터 벗어날 수 있었던 것은 로마 제국의 도움 덕분이었습니다.

그날의 이야기는 바울이 1,2,3차 전도여행을 마감하고 예루살렘에 도착해 성전에 갔을 때 일어난 사건으로 시작됩니다. 예루살렘 성전에 온 바울을 죽이려는 소동을 진압하기 위해 로마의 치안을 담당한 천부장은 바울을 소동의 원인 제공자로 생각하고 체포했습니다. 이때 바울이 가죽끈으로 묶인 상태에서 천부장에게 "나는 로마 시민입니다."라고 말을 건넸습니다. 천부장이 깜짝 놀라서 하는 말이 "나는 돈을 많이 주고 로마 시민권을 산 사람인데 너는 어떠냐? "였습니다. 그랬더니 바울이 "나는 나면서부터 로마 시민이다."였습니다. 급이 다르다는 이야기이지요.

> "천부장이 대답하되 나는 돈을 많이 들여 이 시민권을 얻었노라 바울이
> 이르되 나는 나면서부터라 하니"(행 22:28)

바울의 말을 듣고 천부장이 깜짝 놀라서 그날 있었던 소요 사태를 오히려 바울 편에서 해석합니다. 바울이 불리한 상황에 놓여 있다는 것을 파악한 천부장은 로마 시민 바울을 보호하기 위해서 그날 밤 아주 급한 작전을 시행합니다. 로마 천부장에게는 종교 문제보다 로마 시민 보호가 더 중요했기 때문입니다.

내용인즉슨, 천부장이 예루살렘에서 천 명의 자기 부하들을 거느리고 바울을 보호한다는 것은 유대인들의 폭력적 상황 속에서 쉽지 않다고 최종 판단을 하고, 예루살렘에서 80여 킬로미터 떨어져 있는 가이사랴로 바울을 보내기로 합니다. 가이사랴는 로마 총독이 머물고 있는 곳이기 때문에, 대략 4만 7천 명에서 6만 명까지 로마 병사들이 있는 곳입니다. 이곳으로 바울을 보내기 위해서 작전을 펴는 것입니다. 천부장은 유대인들이 예루살렘에 주둔하고 있는 자신의 병력을 뚫고서라도 바울을 기독교인이라는 이유로 죽일 수 있다고 정확하게 당시의 상황을 판단했습니다. 천부장은 이 상황을 극복하기 위해서 470명의 많은 병사를 동원해서 바울을 가이사랴로 이송합니다. 이처럼 목숨이 위태한 아주 극단적 상황에서 바울은 로마 제국의 큰 도움을 받았습니다.

가이사랴에 도착한 바울은 로마 총독의 관할하에서 약 2년 세월을 보냈고 그 사이 1차 재판이 끝납니다. 일단 재판의 결과는 당연히 무죄입니다. 그럼에도 불구하고 바울은 총독 재판으로 끝내지 아니하고 로마 황제 재판을 신청합니다.

바울이 새로 부임한 로마 총독 베스도의 재판을 받던 중 예루살렘으로 자신을 돌려보내려는 움직임이 일어나자, 오히려 로마로 가기 위해 로마의 황제 재판을 이용하기로 결심한 것입니다. 예루살렘으로 가면 자신의 꿈인 땅끝까지 복음을 전하려는 계획이 수포로 돌아갈 것 같았기 때문입니다. 그래서 로마 제국 내에서 기독교와 유대교의 갈등 문제를 교리 논쟁으로 가기보다는 당시의 정치 사회적 상황을 이용하여 로마로 직접 가서 사회적 재판으로 정리하기 위해서 1심이 끝났는데도 2심을 로마 황제에게 청구한 것입니다.

무죄를 받았음에도 불구하고 이 갈등이 해결되지 않았다고 보고 바울이 로마 황제 재판을 요구할 수 있었던 것은 당시 로마 제국이 동일 사안에 대해서 2심 재판까지 받을 수 있도록 '셈프로니우스 법'이라는 법을 모든 로마 시민들에게 적용하고 있었기 때문입니다. 바울은 로마 황제 재판을 청구해서 결국 로마에 갈 수 있었습니다.

로마 대화재 사건

그렇게 바울은 로마에 가서 2년여 시간 동안 황제 재판을 기다리고 있었습니다. 그때 한 사건이 발생합니다. A.D.64년 7월에 로마에 화재가 발생해 9일 동안 로마 전체 시내의 3분의 1을 불태워 버립니다.

그 당시 황제는 로마 제국의 5대 황제였던 네로였습니다. 네로가 서둘러서 9일 동안 크게 발생했던 불을 진화하고 일단 끝마무리를 합니다.

그런데 요는 분명 방화의 모습은 있는데 누가 방화를 했는지 방화범이 밝혀지지 않았다는 것입니다. 로마 시민들 사이에서 황제 네로가 방화를 했을 것이라는 루머가 돌기 시작했습니다. 루머가 사라지지 않고 퍼진 이유는 나름대로 개연성이 있기 때문입니다. 황제 네로가 어느 지역을 불태워 부수고 그곳에 다시 왕궁을 지으려고 한다는 이야기와 함께 그 불타는 장면을 통해서 자신의 시상을 돋우려는 기회로 삼으려고 한다는 두 가지 이야기가 개연성으로 묶이면서 온 루머가 로마에 퍼져 버린 것입니다.

네로가 누구입니까? 네로 이야기는 그의 어머니 이야기와 떼놓을 수 없습니다. 성경의 모세는 어머니 요게벳과, 사무엘은 어머니 한나와 관계가 있습니다. 두 어머니는 부르기만 해도 아들의 가슴을 뛰게 하는 따뜻한 어머니입니다. 그러나 네로의 어머니인 아그리피나는 좀 거리가 있습니다.

아그리피나는 로마의 3대 황제 칼리큘라의 동생으로, 결혼 후 남편이 죽자 아들 네로를 데리고 자신의 삼촌인 로마의 4대 황제 클라우디우스에게 시집을 간 여인이었습니다.

아그리피나는 네로가 15살 될 때까지 기다립니다. 그녀는 네로가 15세가 되자 성인식을 하고, 버섯을 이용해 남편을 독살합니다. 그리고 16세 된 아들 네로를 왕위에 앉힙니다. 당연히 아그리피나는 사사건건 아들의 권력에 잔소리를 합니다.

아그리피나는 아들 네로가 아우구스투스(옥타비아누스)의 정통 적자가 아니기 때문에 4대 황제였던 클라우디우스의 딸인 옥타비아와 결혼시켜 정통성을 가진 황제로 만들어놓습니다. 그런데 네로가 옥타비아를 별로 좋아하지 않고, 어떤 여종을 좋아한다는 사실을 안 아그리피나가 여종을 핍박하면서 결국 죽입니다. 화가 난 네로가 어머니를 죽일 목적으로 배 밑창에 구멍을 낸 후 어머니를 배에 태워 섬으로 조용히 보냈습니다. 당연히 배가 가라앉았지만 아그리피나는 헤엄쳐 살아나왔습니다.

이 사실을 알게 된 네로는 결국 자기 경호원을 보내서 어머니를 죽입니다. 아그리피나가 죽을 때 "네로를 낳은 내 배를 찔러라."라고 말했다고 합니다.

이후 네로는 어머니의 간섭 없이 황제의 딸 옥타비아와 이혼하고. 자기가 원하는 여인 오토의 아내 포파이아와 결혼합니다. 그리고 네로는 자기 마음껏 노래를 부르며 끼를 발산하면서 삽니다.

네로 황제의 부인이 된 포파이아가 특히 좋아하는 것이 있었습니다. 바로 보석입니다. 보석은 전통적으로 유대인들이 잘 만들었습니다. 그래서 당시 포파이아에게 보석을 제공하는 사람들이 유대교 유대인들이었습니다.

〈사도행전〉에 등장하는 글라우디오(클라우디우스) 황제 때 유대인들과 그리스인들이 상권을 놓고 싸우자 황제가 그리스인들 편을 들어서 유대인들을 로마 본토에서 떠나라고 했습니다. 이때 브리스길라와 아굴라가 로마에서 고린도로 옮겨간 이야기가 있습니다. 그런데 네로 황제 시대 때는 황제의 부인이 유대교 유대인들에게 보석을 구입할 정도로 그들은 가까운 관계를 유지했습니다.

그러다가 A.D.64년에 로마 대화재 사건으로 다급해진 황제가 기독교 유대인들을 방화범으로 결론을 내려 모든 책임을 기독교인들에게 뒤집어씌우는 일이 발생한 것입니다.

네로 황제가 로마에 뿌리가 아직은 얕지만 운동성 강하게 일어나는 기독교인들을 방화범으로 지목하여 200여 명의 초기 기독교 지도자들, 즉 복음 1세대 지도자들을 죽입니다. 이때 베드로 등 예수님의 핵심 제자 그룹이었던 사람들과 바울이 로마 방화 사건에 연결되어서 처형됩니다.

네로는 기독교인들을 처형할 때 나름 퍼포먼스를 하며 로마 시민들의 시선을 모았습니다. 기독교인들에게 양의 가죽을 씌워서 원형 경기장에 넣고 사자를 넣어 잡아 먹히게 한다든지. 큰 항구 등대에 기독교인들을 산 채로 못 박아서 기름을 바르고 불태워서 밤에 등댓불로 사용한다든지, 아주 잔인한 방법으로 기독교인들을 죽였습니다.

이때로부터 본격적으로 로마 제국은 기독교를 박해하기 시작합니다. 여기에 비하면 지난 '사도행전 30년' 동안 일어난 유대교의 기독교 복음 전파 방해는 아무것도 아니었습니다. 본격적으로 A.D.64년에서 A.D.313년까지 5대 황제 네로로부터 콘스탄티누스 직전 황제인 디오클레티아누스 황제까지 로마는 국가 권력을 가지고 약 250년 동안 줄기차게 기독교를 박해합니다.

3. '공동서신 9권'의 분위기
: 하나님 나라를 실현해가는 분위기

'공동서신 9권'은 '로마 제국의 박해 속에서 하나님 나라를 실현'해가는 분위기입니다. A.D.64년 로마 대화재 사건을 계기로 기독교는 유대교를 넘어 이제 로마 제국으로부터 박해를 당하기 시작합니다.

본격적인 박해에 들어갈 무렵 상당수 기독교인들은 이 상황이 무척 부담스러웠습니다. 그동안 힘겨웠지만 기독교인들은 함께 뭉쳐서 유대교 유대인들의 복음 전파 방해를 이겨내며 복음을 전했습니다. 그런데 로마 제국이 공개적으로 기독교를 적대적 관계로 정하고 무자비한 박해를 가하는 상황이 되자 적지 않은 기독교인들이 다시 유대교로 돌아가는 일이 발생했습니다. 게다가 영지주의를 비롯한 이단 사상들이 급속도로 퍼져 기독교인들을 흔들었습니다.

때문에 당시 기독교는 유대교의 끊임없는 방해와 로마 제국의 박해, 새롭게 생겨나는 이단들의 동시다발적인 공격을 막아내야 하는 위기 속에 있었습니다. 그러한 시기에 기독교인들의 마음을 다시 돌이키고 믿음을 굳건하게 하여, 그들이 다시 하나님 나라를 꿈꾸게 하기 위해 복음 1세대 지도자들이 온 정성을 기울입니다. 그 피나는 노력이 바로 '공동서신 9권'입니다.

'공동서신 9권'은 이와 같은 분위기 속에서 쓰였습니다. 복음 1세대 지도자들은 하나님 나라가 이미 승리했다는 메시지를 담아 힘든 상황에 처한 기독교인들을 격려하고 위로했습니다.

다시 한번 정리해봅시다. 구약성경에서 제사장 나라를 말했습니다. 제사장 나라는 하나님의 용서가 있는 나라, 이웃과 나눔이 있는 나라, 민족 사이에 평화가 있는 나라입니다. 구약성경의 제사장 나라 컨셉이 신약성경에 와서는 우리 예수님에 의해 하나님 나라로 완성이 됩니다. 하나님 나라는 하나님을 아버지라 부르는 나라, 한 영혼이 천하보다 소중한 나라, 십자가를 통해서 완성된 나라입니다.

우리 예수님께서 "다 이루었다."라고 말씀하시는 순간, 대제사장이 더 이상 지성소에 들어가지 않아도 되고, 우리가 예수 이름으로 하늘 성소에 들어갈 수 있는 하나님 나라가 완성되었습니다. 하나님 나라가 완성되었기 때문에, 이미 예수님께서 승리하셨기 때문에 우리는 하나님 나라를 '예수는 주'라고 믿는 믿음으로 우리의 나라로 가질 수 있습니다. 그래서 보이는 어떤 핍박도 이미 승리한 하나님 나라의 백성에게는 그다지 중요하지 않습니다. 복음 1세대 지도자들이 이와 같은 메시지를 간절한 마음으로 편지에 써서 전했습니다.

'공동서신 9권'의 편지를 받은 기독교인들 곧 복음 2세대는 일찍이 바벨론 제국의 지배를 70년 동안 받았지만 그때 오히려 제사장 나라를 다시 꿈꿀 수 있는 민족 유대인을 만들었던 경험을 가지고 있는 사람들입니다. 그런 그들에게 로마 제국의 핍박은 오히려 기독교를 더 빛나게 하고, 하나님 나라를 더 건실히 세울 수 있는 놀라운 기회가 될 것이라는 격려를 담은 편지 '공동서신 9권'이 쏟아졌습니다. 그렇게 신약성경이 마무리됩니다.

4. '공동서신 9권'에 속한 성경 이야기

▶ **〈히브리서〉 이야기**

〈히브리서〉는 기독교에 대한 유대인들의 지독한 방해와 로마 대화재 사건 이후 로마 제국에 의한 기독교 박해, 그리고 여기저기에서 우후죽순처럼 생겨나는 이단들까지 가세하는 총체적인 기독교의 위기 가운데에서 성도들을 지키기 위해 쓴 복음 1세대 지도자의 편지입니다. 〈히브리서〉는 특히 기독교에 대한 박해 때문에 유대교로 돌아가려고 하는 성도들에게 예수 그리스도가 누구인지 다시 한번 정확하게 가르쳐 예수 그리스도에 대한 믿음을 더욱 견고히 하기 위해 기록되었습니다.

▶ **〈야고보서〉 이야기**

〈야고보서〉는 예수님의 동생이자, 당시 예루살렘 교회의 지도자였던 사도 야고보가 극심한 기독교 박해에 흔들리는 복음 2세대의 믿음을 굳게 세우기 위해 기록한 편지입니다. 〈야고보서〉는 A.D.64년 로마 대화재 사건 이전에 기록된 것으로 추정합니다. 그러나 유대교의 방해와 로마 제국으로부터 점점 조여오는 압박에 맞서 쓴 편지로 '공동서신

9권'에 포함하여 봅니다. 야고보는 '행함이 없는 믿음은 죽은 믿음'이라고 가르치며 믿음의 시련이 인내를 만든다는 사실을 강조했습니다. 야고보는 박해받고 있는 성도들에게 고난을 기쁘게 감당하라고 용기를 북돋우며 굳건한 믿음을 지키도록 격려하고 있습니다.

▶ <베드로전·후서> 이야기

〈베드로전 · 후서〉는 예수님의 제자였던 사도 베드로가 당시 고난과 핍박을 견디고 있는 복음 2세대에게 힘과 격려를 주기 위해 기록한 두 편의 편지입니다. 기독교에 대한 박해가 급속히 가중되는 상황 속에서 베드로는 교회의 장래에 대해 걱정하지 않을 수 없었습니다. 베드로는 이 상황을 잘 이겨내고 마침내 승리하기 위해서 성도들에게 그리스도의 마음을 품으라고 가르쳐주고 있습니다. 그래야 미래에 소망이 있고, 현재의 시련과 고난을 기쁨으로 이겨낼 수 있다고 말하며 복음 1세대 지도자로서 성도들을 아끼고 사랑하는 마음을 표현했습니다.

▶ <유다서> 이야기

〈유다서〉는 예수님의 동생 사도 유다가 유대교에서 당시 핍박받고 있는 기독교로 들어온 용기 있는 성도들에게 보내는 감사와 격려의 편지입니다. 교회가 박해를 받고, 성도들 가운데 배교하는 이들이 생겨나는 힘든 상황에서 당시 복음 1세대 지도자들 가운데 한 명인 유다는 성도들이 복음을 위해 고난을 받고 순교에 이르는 일이 있다 하더라도 믿음의 눈으로 이를 바라보고 선한 싸움에서 끝내 승리해야 함을 가르칩니다.

▶ <요한일·이·삼서> 이야기

〈요한일·이·삼서〉는 예수님의 열두 제자 가운데 가장 나이가 어렸고, 첫 번째 순교자였던 야보고의 동생 사도 요한이 로마 제국의 핍박 속에서 살아남아 복음 2세대를 돌보며 그들을 위로하고 격려하며 써 보낸 편지입니다. 특히 요한은 "하나님은 사랑이심이라"(요일 4:8)라고 선언하며 하나님의 사랑을 알 것과 하나님의 사랑을 실천할 것을 당부했습니다. 이 선언은 하나님의 속성을 가장 정확하게 표현한 최고의 선언이었습니다.

▶ <요한계시록> 이야기

〈요한계시록〉은 신약성경의 마지막 책이자, 동시에 성경 전체의 마지막 책입니다. 〈요한계시록〉은 사도 요한이 로마 제국에 의해 밧모라는 섬에 유배되어 채석장에서 힘든 노역을 하면서 복음 2세대가 이끄는 소아시아 일곱 교회에 보낸 승리의 편지입니다. 요한은 환난과 핍박 가운데 있는 성도들에게 예수 그리스도의 최후 승리를 선포했습니다. 그리고 앞으로 이루어질 일들에 대한 계시와 숨겨진 역사의 과정을 묘사하며, 교회와 성도들이 마침내 얻게 될 승리에 대해 확신합니다. 요한은 환난과 핍박을 마지막까지 견디는 자는 하나님께서 예비하신 새 하늘과 새 땅에서 안식을 얻게 될 것이라는 놀라운 증언과 예수님의 간절한 재림 약속을 전하며 〈요한계시록〉을 끝맺습니다.

'공동서신 9권'의 질문과 답

왜! 로마는 470명의 군인을 동원해 바울을 경호해주다가 죽였는가?

– 왜냐하면, 로마 대화재 사건의 범인으로 기독교를 지목했기 때문에

우리는 성경 전체를 '전체 이야기(whole story)'로 가져야 됩니다. 구약성경의 세 개의 트랙, 신약성경의 세 개의 트랙, 그리고 신구약 중간사 트랙을 통해 성경 전체를 쉽게 공부할 수 있습니다. 구약성경은 '모세 5경'과 다음을 잇는 책들, 왕들이 다스리는 500년이 담긴 책들, 그 이후에는 왕은 없지만 페르시아 제국에서 제사장 나라를 다시 세운 '페르시아 7권'으로 이루어져 있습니다. 그다음 '중간사 400년'을 지나 신약성경으로 이어집니다. 신약성경은 예수님의 이야기를 담은 '4복음서', 사도들이 주인공이 되어서 30년 동안 유대교와 대결하면서 전파한 하나님 나라 이야기, 그다음은 A.D.64년 이후에 본격적으로 로마 제국과 대립하면서 다시 하나님 나라를 실현해 나가는 '공동서신 9권' 이야기로 이루어져 있습니다.

성경을 하나의 이야기로 가지게 되면 그 안에 들어 있는 수많은 사건들, 수많은 성경 구절들이 흩어지지 않습니다. 오히려 성경 말씀을 들을 때마다, 읽을 때마다 성경 전체 안에서 차곡차곡 구슬처럼 꿰어져서 우리에게 지혜를 주고, 더 나아가 우리의 삶을 기적으로 이끕니다.

기적의 책인 성경을 여러분들이 하나님의 선물로 받아 소유하는 복을 누리기를 바랍니다.